DESCUBRA ESPAÑA

Pueblo a pueblo por las rutas más bellas

Cantabria I

CLUB INTERNACIONAL DEL LIBRO

(Portada) El Puente Mayor de Liérganes, del siglo XVI, es uno de los lugares más hermosos de Cantabria y atraviesa el río Miera. Son muy apreciados los *sacristanes* o pastelitos de hojaldre típicos de esta localidad.

(Página 2) Las banderas ondean en sus astas, ante la inalterable estampa de la afilada torre de la capilla del palacio neogótico de Sobrellano de Comillas, proyectado por Joan Martorell y construido entre 1881 y 1990.

(Páginas 4-5) Las verdes praderías del valle del Pisueña en Selaya se suceden en un suave relieve, componiendo un paisaje típicamente pasiego.

Agradecimientos:
El editor Javier de Juan y Peñalosa agradece, en nombre del *Club Internacional del Libro,* al escritor Alfonso Ussía, amante de las tierras cántabras, el texto pórtico de este volumen. A Fermín Unzúe, Consejero Delegado de la Sociedad de Turismo de Cantabria, por su cordial compañía en la visita a la cueva de *El Soplao* y su valiosa colaboración posterior. A Eusebio Dohijo, director de Comunicación del Museo de Altamira, por su desinteresada gestión. A todas las personas y amigos que nos encontramos en el proceso de realización de esta obra por su valiosa ayuda para que el lector descubra Cantabria y, pueblo a pueblo, España entera. Y finalmente al equipo editorial, fotógrafos, diseñador, redactores y colaboradores, por su esfuerzo para describir desde la imagen y la palabra este –en ocasiones desconocido y siempre cercano– país.

Dirección:
Javier de Juan y Peñalosa, Sacramento Nieto

Realización:
JdeJ Editores, Thema Equipo Editorial

Coordinación:
María Dolores Bagudá Lloveras, Francisco Domingo, Rosa Escartín

Supervisión:
Elena Agüero

Diseño y Dirección de Arte:
Juan Carlos González Pozuelo

Fotografía:
Candy Lopesino, Juan Hidalgo, Museo de Altamira, Sociedad Regional de Turismo de Cantabria, Archivo JdeJ Editores

Textos:
Thema

Cartografía:
Juan Lozano

Corrección:
Ana Crespo de Luna

Preimpresión:
Safekat, S.L.

Impresión:
Mateu Cromo, S.A.

I.S.B.N: 84-407-1487-4 (Obra completa)
I.S.B.N:84-407-1488-2 (Tomo 1)
Depósito Legal: M-413-2006

CANTABRIA

Sumario de los tomos I y II

Cantabria I

Cantabria II

DESCUBRA ESPAÑA

Pueblo a pueblo por las rutas más bellas

Cantabria

Costa y valles entre montañas

ALFONSO USSÍA

Desde Cosgaya, en Liébana, a cinco leguas de Potes, se abre un inmenso y prodigioso hayedo que guarda en su culminación un escaso tesoro. Un cantadero de urogallo. Probablemente el último de La Montaña de Cantabria. En los bosques lebaniegos, que se unen por puertos y picos a los asturianos, los leoneses y los altocastellanos, se hallan los territorios del oso pardo. En Sejos y en Campoó, encuentra el lobo el camino hacia las reses y las ganaderías. Los cielos de La Concilla, cuando el venado berrea o el monte se paraliza por la presencia del lobo, se ennegrecen de buitres que han perdido su cautela ante el hombre. Bajan los ríos hacia la mar con salmones a contracorriente, y la plata de las truchas, y el juego de las martas. El desfiladero de la Hermida, maravilla de la naturaleza, descansa en su río la grandeza, la chulería imponente de sus paredes. En invierno, hay pueblos y barrios que no reciben la luz del sol durante meses. Encinas retorcidas que nacen de la roca, castaños milenarios, robles altivos, fresnos enfrentados a los avellanos. Y en la

Los bañistas disfrutan de un día de sol entre los peñascos de la playa de Ris, en Noja, separada de la playa Joyel por un islote.

muerte de la grandeza, la infinita majestad de la mar, que agoniza en las playas cambiantes y milagrosas de Cantabria. Ahí las gaviotas, los fumareles, los albatros, las golondrinas de mar, las garzas, los cormoranes, y, de cuando en cuando, hasta los frailecillos, que se llegan a nuestros acantilados para amar con más tibieza que en las ásperas rocas de Islandia. Y, claro, en los bosques de Cabuérniga –su hayedo del Jilguero es tan altivo como el más orgulloso de Liébana–, el jabalí, el corzo, el venado, el águila, el milano, y mil especies de aves que se disputan la maravilla. En invierno frío, por la Cotorra de Mazcuerras, en el sitio de los Escalante, vuela la chocha.

El puerto de Las Alisas (674 m de altitud), un excelente mirador para contemplar el valle de Arredondo. Desde estas alturas se pueden contemplar los mares de nubes que cubren los valles de los alrededores. Y si hay suerte, y el cielo está despejado, se alcanza a ver hasta Santander.

Para alcanzar el paraíso hay que atravesar la Castilla Alta, con sus inmensidades abiertas e infinitas. Paisaje de San Juan de la Cruz y Teresa de Ávila, el uno sobre su mula, la otra sobre su ímpetu. Horizontes salpicados de lanzas de álamos y sotos elegidos. Burgos superado, y, por otra senda, Palencia vencida, Castilla se mueve para entregar la meseta entre arbolados y riscos. El valle del Rudrón, con sus montañas horadadas, el río rompiente que se entrega al Ebro, los primeros verdes enfrentados. Los puertos del Escudo, de Palombera o las Hoces mareantes de Reinosa, abren la puerta de Cantabria. Y ya todo es praderío y barrio, laderas dibujadas de vacas que parecen ahí puestas para adornar el paisaje. Lo escribió Antonio Gala en «Sábado Gráfico», en un bellísimo artículo que tituló «Castilla arriba»: «Cuando llego a los valles de Santander siempre me asalta un temor. Que si respiro fuerte, me tragaré una vaca».

Eso, «la provincia de Santander», como antes se llamaba y reconocía, eso, La Montaña, eso, Cantabria, está generosamente presente en la Historia, en la Literatura, en el Arte, en el concepto profundo de la españolidad. No lo está en la Música, y siento escribirlo. La música popular de La Montaña es primitiva y simple, elemental en la melodía y sin gracia ni poesía en el texto. Es música facilona de romería, de tarde de bolos –¡qué maravilloso deporte!–, y de tenores pelmazos. Pero la Literatura, con mayúscula, está ahí. No me reúno tan sólo en los grandes escritores y poetas montañeses, entre los que figuran dos mitos sagrados de la palabra española que no nacieron en La Montaña pero se hicieron de ella. Don Benito Pérez-Galdós y don José Hierro, Pepe Hierro, el poeta del amor y de la roca. Ahí están José María de Pereda, y Concha Espina, y su nieto Alfonso de la Serna, y José del Río Sanz, y José María de Cossío –del que me preguntó Alberti una noche en Roma: ¿Sigue José María

con ese lagarto verde secándose en sus dientes?—, y el estupendo Manuel Llano, el Lorca de Cantabria. No sólo eso. De La Montaña vienen las raíces de lo más dorado del Siglo de Oro. Don Francisco de Quevedo, en Madrid nacido de siembra montañesa, de la aldea de Vejorís, en el valle profundo de Toranzo. «Es mi casa solariega / más solariega que otras, / que por no tener tejado, / le da el sol a todas horas». Don Lope de la Vega Carpio, Lope de Vega, en Madrid nacido de siembra montañesa, del valle —hoy industrial— de la Torre de la Vega, Torrelavega, dicha «Torlavega» por los montañeses, como «Sanander» en lugar de Santander. Y

Santa María de la Asunción, uno de los más destacados templos góticos de la cornisa cantábrica, junto con el castillo de Santa Ana, el faro y, a sus pies, el Puente Viejo o «puente romano», forman el conjunto monumental medieval que preside el puerto pesquero y la bahía de Castro Urdiales.

don Pedro Calderón de la Barca, en Madrid nacido de siembra montañesa, del valle del Besaya, río tronante que mueve de inquietud la alteza de los bosques. Es mucha La Montaña. De las tierras de España, dos son las elegidas por su paisaje, su singularidad y su serenidad urbana: Cantabria y Cádiz. Las dos son mías en el amor y en el alma. Es más, los cántabros que intentaron probar suerte en las Américas y quedaron en Andalucía —los «jándalos», es decir, los «jandaluces»—, ocuparon los lugares no invadidos del comercio en Cádiz y Sevilla —¡Ay, mi querido Trifón de «La Flor de Toranzo»!—, y a Cantabria vuelven como los decimonónicos indianos triunfadores, con su nostalgia de lejanía, su sobredosis de mar y su gratitud de palmeras.

Pero a mí, que escribo este ademán de puerta abierta, lo que es un prólogo, lo que me gusta de Cantabria es el paisaje. El vegetal y el humano, en ocasiones tosco, siempre sincero, siempre leal, jamás hipócrita. Se han construido barbaridades asesinas arquitectónicas en las costas cántabras. Criminales urbanizaciones. Quiebras del paisaje. La mar humillada. Pero queda esa Cantabria cuidada y libre, que ocupa con su Reserva del Saja y su Parque Nacional de los Picos de Europa, y sus territorios de La Rabia –¡mi segunda casa!–, y de Santoña, y de San Vicente, y de Oyambre –joya de Valdáliga–, que se ha prometido mantener el equilibrio del paisaje con el legal y sostenido desarrollo urbano y paisajístico. Ahí Comillas y mi Ruiloba del alma, la tierra que quiero que me cubra cuando Dios –como en la «Melancolía del Desaparecer» de Agustín de Foxá– ya no cante bajo mi frente.

Eso, el paisaje, la maravilla, el prodigio, la huella del oso, el pasmo del corzo, el canto del urogallo, el rastro del lobo, el juego de la marta, la majestad del haya, y del roble, y del castaño, y del nogal. La mar que rompe y la mar que besa. La inmensidad de sus playas. El vuelo de las aves y la melancolía de los vientos. Esos verdes, esas praderas, esos valles, esos pastos. Cantabria, mi amor, la tierra cubierta por la bóveda del grito húmedo de España.

ALFONSO USSÍA

Sugestiva imagen otoñal de la espesura de un bosque cántabro que despliega una paleta de colores asombrosos.

(Izquierda) La majestuosidad de los valles de Liébana se engrandece, si cabe, con el telón de fondo que le brindan los macizos montañosos en el corazón de los Picos de Europa. Este paisaje espectacular ofrece un marco incomparable al pintoresco pueblo de Turiena.

(Derecha) Ría de Tina Mayor. El río Deva, que nace en los Picos de Europa, discurre entre desfiladeros y desemboca en el Cantábrico marcando la frontera con Asturias. La ría de Tina Mayor forma marismas de gran belleza.

El medio natural

Donde el aire se bebe y el agua se respira

Son innumerables los tesoros que podemos encontrar en Cantabria. Pero lo que enseguida nos enamora es la belleza de sus paisajes, en la marina y en la montaña. Nadie lo expresó mejor que el poeta santanderino Gerardo Diego: «El aire aquí se bebe... Y el agua, de tan fina, se respira».

Cantabria es una de las comunidades autónomas más pequeñas de España. Abarca una extensión de 5.289 km^2. Está situada a orillas del Cantábrico, entre Asturias, Castilla y León y el País Vasco. La costa es uno de los destinos turísticos de la península, con encantadoras playas de pulcra arena y espectaculares acantilados. El interior, por su parte, es el dominio de la cordillera Cantábrica, con imponentes macizos montañosos y pintorescos valles.

La marina cántabra

Cantabria cuenta con más de 200 km de costa. Desde Unquera, en el extremo occidental de la Comunidad, antes de entrar en Asturias, hasta Ontón, tocando ya el País Vasco, la marina cántabra ofrece una notable variedad de paisajes. Son los estuarios y las rías, que como en tantos lugares de la cornisa cantábrica crean los ríos en su desembocadura en el mar. Son también los acantilados, algunos de considerable altura, espectaculares. También las bahías, amplias como la de Santander, y así mismo las playas, todas ellas hermosas. Y aún se suman al espléndido paisaje marítimo los verdes prados, que descendiendo desde las montañas casi llegan a primera línea de mar.

La costa cántabra corresponde a un litoral estructural que, desde la orogenia alpina, es decir, desde hace apro-

ximadamente 35 millones de años, ha sido muy poco erosionado. La orogenia alpina fue la responsable de la aparición de la cordillera Cantábrica, del Sistema Bético, de los Pirineos… y también del Himalaya y los Alpes. La península se levantó entonces por el sudeste y se hundió por el noroeste, quedaron así establecidas las costas de Cantabria, y empezaron a formarse las rías.

Visto desde el aire, el litoral cántabro aparece como una costa dentada, con muchos entrantes, pero no especialmente tortuosa, como puede serlo la marina gallega. Está dividido en dos mitades por la bahía de Santander. Pero no hay diferencias excesivamente importantes entre la costa occidental y la oriental, salvo la mayor presencia de acantilados en la primera. Por lo demás, el paisaje es muy similar.

La costa occidental de Cantabria se extiende desde las rías de Tina Mayor y Tina Menor hasta Santander. En este tramo son abundantes las planicies, que aparecen elevadas unos metros por encima de la línea de la marea. La costa oriental comprende el tramo litoral que va desde Santander hasta Ontón. Es más tortuosa que la occidental e incluye cabos importantes, como los de Ajo y Quejo, y zonas de altos acantilados, por ejemplo, en Santoña. Una característica singular de la costa oriental son los roquedos calizos de desarrollo vertical. Son arrecifes fósiles que tienen una antigüedad de unos 110 millones de años.

Por último, la bahía de Santander es una amplia entrada de mar en la costa, que deja en un lado la capital cántabra y en el otro pequeños pueblos costeros. Cuenta con algunas de las playas más cuidadas y visitadas de la Comunidad, como las de El Sardinero y La Magdalena. Los días de fuerte viento, las olas rompen la habitual tranquilidad de la bahía. Caso extremo ocurrió el fatídico día en que se produjo el incendio de 1941, que destruyó casi todo el casco antiguo de la capital, cuando las fuertes olas llegaron a las casas del paseo de Pereda. Soplaba un viento tan fuerte, con puntas de hasta 140 km/h, que el incendio se propagó rápidamente.

Rías, estuarios y marismas

Las rías y los estuarios son elementos destacados del litoral cantábrico, por los que desaguan en el mar los ríos cántabros, que ven ampliadas sus desembocaduras en extensas bahías, como las de Santander y Santoña, y en menor medida la de San Vicente de la Barquera. En

El clima de Cantabria

El Cantábrico hace que el clima de la marina cántabra sea sensiblemente diferente al clima del interior. La cordillera Cantábrica provoca un efecto barrera que impide que pueda ejercer su papel atemperador al sur de las montañas. Así pues, en las costas y en la vertiente septentrional del macizo cántabro el clima es de tipo atlántico, húmedo, templado y muy lluvioso, ya que recibe la influencia de los vientos dominantes del oeste, que aportan masas de aire húmedas. En cambio, en el interior, en la vertiente meridional de la cordillera, domina un clima mucho más seco, de tipo continental, y con mayores contrastes térmicos estacionales y diurnos. La cordillera es una de las zonas más lluviosas, ya que las masas de aire húmedo quedan frenadas sobre las montañas, donde en algunos puntos descargan más de 2.000 litros al año. En la costa las precipitaciones son menos frecuentes, y no suelen pasar de los 1.200 litros anuales, los inviernos no son tan duros y los veranos son más suaves. La temperatura media anual se sitúa alrededor de 15 ºC.

(Izquierda) Vegetación en las dunas de la playa de Ris, en Noja. La costa occidental de Cantabria desciende suavemente hacia el mar escalonada en pequeñas planicies.

(Páginas anteriores) Un bañista se aventura al pie de los acantilados de la hermosa playa de Berria, en Santoña. La costa oriental cántabra es más escarpada que la occidental, y muchas de sus paredes están formadas por arrecifes fósiles.

En rías y estuarios, el agua de los ríos se mezcla con la del mar, creándose unas condiciones de salinidad inmejorables para el desarrollo de una fauna y una flora características.

rías y estuarios el agua de los ríos se mezcla con la del mar, creándose unas condiciones de salinidad inmejorables para el desarrollo de una fauna y una flora características. Asimismo, el depósito en esas zonas de los sedimentos que arrastran los ríos y la marea da origen a las marismas, otra de las postales típicas de la costa cántabra. Muy conocidas y visitadas son, por ejemplo, las marismas de Santoña y de Noja. Las marismas de toda la Comunidad, y en particular la de Santoña, son zonas de gran riqueza ecológica. La marea, al remover la arena y los fondos de limo, deja ver en la superficie praderas de vegetación muy resistente al oleaje y los vientos. Asimismo, abundan en este medio los microorganismos, moluscos, algas y crustáceos, que forman parte de la dieta básica de las numerosas aves migratorias que sobrevuelan el litoral.

(Arriba) Desembocadura del río Nansa en la ría de Tina Menor. El Nansa nace entre Peña Labra y el pico de los Tres Mares, a 1.100 m de altitud, y discurre por entero en tierras cántabras.

(Izquierda) El Deva forma en su desembocadura la ría de Tina Mayor. Nace en Fuente Dé, en los Picos de Europa cántabros a casi 2.000 m de altitud, y su recorrido fija los límites entre Cantabria y Asturias.

Las playas de Cantabria

En 200 km de costa podemos contar más de 100 playas, de diferentes tamaños y características. Hay, por tanto, una playa por cada 2 km de litoral. Encontramos playas como la de La Salvé, en Laredo, que tiene prácticamente 5 km de longitud, y hay un sinfín de calas que apenas alcanzan una decena de metros. La mayoría de las playas de la Comunidad son de finísima arena, lo que hace que en combinación con las frecuentes rachas de viento surjan las formaciones de dunas, que confieren al paisaje otro rasgo de originalidad. Las comunidades de dunas que se forman en las playas de las bahías constituyen en algunos casos un fenómeno realmente digno de contemplar. Así ocurre con los complejos de dunas de los parques naturales de Oyambre y Liencres. En el Parque Natural de Liencres existe un campo de dunas vivas que alberga unos marjales o terrenos pantanosos. Diversas especies de vegetales, como el barrón y otras, ayudan a fijar estas dunas.

Los acantilados, un paisaje espectacular

Los acantilados representan otro de los accidentes geográficos más comunes de toda la costa cántabra. Suelen ser muy verticales, y más escasos en la costa occidental, al oeste de Santander. En la costa oriental son mucho más frecuentes, y aunque también hay playas amplias y largas, sin duda los acantilados son los protagonistas de este tramo del litoral.

Si hablamos de acantilados, no podemos dejar de mencionar los que se encuentran en Santoña, una de las poblaciones más importantes de la costa oriental. Hace unos siglos, Santoña era un tómbolo, es decir, una pequeña península que estaba unida al continente por una delgada faja de tierra. Durante las pleamares, el istmo que unía la península con tierra firme quedaba sumergido. Aunque muchos de estos tómbolos han ganado terreno

a costa del mar, aún quedan pequeñas islas por toda la costa cántabra, como la de Castro, en Liencres, o la de la Virgen del Mar, en San Román de la Llanilla.

También hay acantilados espectaculares en torno a las rías de Tina Mayor y Tina Menor, ya casi en el límite con Asturias. Y siguiendo en la costa occidental, son asimismo destacables los acantilados de Pechón, Ruiloba, Ubiarco y Soto de la Marina.

Valles, sierras y montañas

El elemento geográfico más relevante, y que divide la comunidad en dos zonas geográficas, la marina y el interior, es la cordillera Cantábrica. Al norte, en una franja de terreno de pocos kilómetros de ancho, está la marina cántabra, donde las montañas pierden altura dando lugar a las características planicies y pastizales que llegan prácticamente al

límite con el mismo mar. Por debajo de la mencionada cordillera, se abre ya la extensión de la depresión de Campoo, en las comarcas de Campoo y Valderrible, que continúa hacia el sur confundiéndose con la meseta castellana.

NACIMIENTO DEL RÍO ASÓN. ESTA CASCADA ESPECTACULAR, DE MÁS DE 50 M DE ALTURA, PUEDE ADMIRARSE DESDE LA CARRETERA QUE DESCIENDE DEL PUERTO DEL ASÓN, DEJANDO ATRÁS EL PORTILLO DE LA SÍA, EN EL LÍMITE CON TIERRAS DE BURGOS.

La cordillera Cantábrica

No es exclusiva, ni mucho menos, de la Comunidad Autónoma de Cantabria. Es uno de los sistemas montañosos más importantes del norte peninsular, y sus montañas se elevan desde la sierra de los Ancares, en los lími-

En el extremo occidental de Cantabria se alzan los Picos de Europa, imponente macizo montañoso en el que abundan las altitudes superiores a los 2.000 m. Cantabria comparte el Parque Nacional de los Picos de Europa con Asturias y Castilla y León.

tes de las provincias de Lugo y León y el Principado de Asturias, hasta la sierra de Peña Labra, en la frontera entre Cantabria y la provincia de Palencia. En Peña Labra se encuentran algunos de los montes más altos de la Comunidad, como el pico Tres Mares (2.175 m), que además es la divisoria de aguas entre el Atlántico, el Cantábrico y el Mediterráneo, ya que a sus pies se originan las cuencas del Duero y del Ebro. La cordillera va perdiendo altura a medida que se acerca a la franja litoral, y aparece cortada perpendicularmente por toda una serie de valles fluviales, muy angostos y encajonados entre las montañas, en algunos casos formando cañones de altitud considerable.

Más al este, y siguiendo una tónica que continuará en la prolongación de la cordillera en el País Vasco, los picos suelen quedarse en altitudes más modestas, como es el caso del Castro Valnera (1.707 m), situado en el límite de la Cantabria pasiega con las tierras altas burgalesas. El techo de la Comunidad ha dado lugar a algún que otro debate. Torre Blanca (2.617 m) y Peña Vieja (2.615 m), las cumbres más elevadas, se encuentran en la parte cántabra de los Picos de Europa. No falta cierta polémica sobre cuál de las dos es realmente la más alta, privilegio que siempre había recaído en Peña Vieja, debido a que su cumbre es más fácil de estudiar que la de Torre Blanca, que aparece rodeada de cotas más altas, situadas ya en la parte asturiana, las cuales dificultan una cómoda visión.

Ejemplos de la acción de los glaciares se reparten por toda la cordillera. Son destacables el circo glaciar de Fuente Dé y las morrenas (los restos de rocas que dejaron los hielos del glaciar al retirarse) de Áliva, ambos

La sierra del Escudo de Cabuérniga

La sierra del Escudo de Cabuérniga es uno de los parajes montañosos más bellos de toda la Comunidad. Es una alineación prelitoral, que sigue un recorrido de oeste a este y pierde altitud hacia su extremo oriental. Constituye una barrera natural entre la costa occidental y los verdes valles interiores del Saja y el Nansa. Estos dos ríos certifican los límites de esta sierra, cuyo pico más elevado es el Gándara (926 m).

en los Picos de Europa. Hacia el este, en Peña Labra, en muchos puntos de las montañas pasiegas y en el valle de Soba, los circos glaciares son asimismo frecuentes.

La depresión meridional

La Cantabria meridional, es decir, la que queda al sur de la cordillera Cantábrica, y que limita con Castilla y León, es una de las zonas menos pobladas de la Comunidad. El descenso de la población, que se ha producido sobre todo en los últimos treinta años, se debe al abandono prácticamente generalizado de la ganadería y la agricultura, ésta muy centrada en el cereal. Una excepción la constituye Reinosa, que se ha convertido en un importante núcleo urbano, ya que es receptora de buena parte de la emigración de la comarca y ha logrado consolidarse como un foco industrial.

La imagen que se lleva el visitante de los Picos de Europa es la de una maravillosa sucesión de encajados valles tapizados de praderas y frondosos bosques, que se alternan con impresionantes agujas verticales y altísimas montañas.

La región meridional está formada por la depresión de Campoo. Se trata de un territorio extenso, y muy llano en casi todos sus puntos, situado a unos 800 m de altura sobre el nivel del mar. Aquí el clima es rigurosamente continental, porque la cordillera Cantábrica impide que el mar pueda moderar las temperaturas. Caso aparte es la zona del embalse del Ebro, el más grande de España, cuya influencia altera sensiblemente el clima de su entorno.

Los Picos de Europa en Cantabria

Los Picos de Europa se encuentran a apenas 25 km de distancia de la costa. Conforman el paisaje más agreste de toda la cordillera Cantábrica, a la que están unidos en el suroeste de la región. Con el transcurrir del tiempo, los plegamientos, las glaciaciones y la erosión han impreso un carácter abrupto e imponente a este macizo, uno de los atractivos turísticos más importantes de Cantabria.

La imagen que se lleva el visitante de los Picos de Europa es la de una maravillosa sucesión de encajados valles tapizados de praderas y frondosos bosques, que se alternan con impresionantes agujas verticales y altísimas montañas.

Los macizos de los Picos de Europa se reparten entre las comunidades de Cantabria, Asturias y Castilla y León, y han sido declarados Parque Nacional. El sector que pertenece a la Comunidad cántabra está situado en la comarca de Liébana, y corresponde al macizo Oriental o macizo de Andara. A sus pies queda el valle de Liébana, desde donde se pueden contemplar muchos de los picos más elevados del conjunto montañoso, como La Morra de Lechugales (2.441 m), el Silla Caballo (2.438 m), el Pico Cortés (2.370 m) y el Samelar (2.227 m).

En realidad, este macizo es el menos visitado de los tres que componen los Picos de Europa, ya que al ser algo menos elevado no atrae tanto el interés de los turistas. En todo caso, esto ha de ser un estímulo para visitar esta parte de los Picos, porque no existe la misma aglomeración turística que hay en las otras dos.

Las cuencas fluviales

La mayor parte de los ríos van a desembocar al mar Cantábrico. Destacada excepción es el Ebro, claro está, que tras su corto recorrido por la Comunidad cruza la península para finalizar en aguas de la costa catalana, en la provincia de Tarragona. Es la Comunidad cántabra una región húmeda, cuyos ríos forman una tupida red fluvial que constituye una de las mayores fuentes de riqueza de la región.

Los ríos cántabros son de régimen pluvionival, con un caudal máximo en primavera y un estiaje mínimo en verano. Los tributarios del Cantábrico, después de un torrentoso descenso, se serenan y forman amplios estuarios y bahías en la costa, como es el caso de los ríos Saja-Besaya y Pas.

Las zonas de influencia de los ríos son, como es lógico, las de mayor densidad de la región, ya que desde tiempos remotos siempre los cántabros han buscado esta proximidad. Pero la presencia humana también ha contribuido a la degradación del entorno natural y de los mismos cursos fluviales, aunque bien es cierto que los ríos cántabros presentan un más que aceptable estado de conservación.

Los ríos que vierten sus aguas en diferentes puntos de la costa cantábrica son, de oeste a este: el Deva, el Nansa, el Saja-Besaya, el Pas, el Miera, el Campiazo, el Asón y el Agüera. En la parte más oriental de la Comunidad, el Camesa pertenece a la extensa cuenca del Duero, y es por tanto tributario de la vertiente atlántica. El Ebro, uno de los ríos más caudalosos de la península, que nace cerca de Fontibre, a pocos kilómetros de Reinosa, desemboca en el Mediterráneo.

El Deva y el Nansa

El río más occidental es el Deva, que nace en Peña Remoña, en los Picos de Europa cántabros, y va a desembocar a la Tina Menor, haciendo las veces de frontera natural entre Cantabria y Asturias. Los afluentes que recibe por su margen izquierdo provienen casi todos de León y de Asturias. Su cuenca abarca una superficie de 1.194 km^2, de los cuales el 50 % aproximadamente se sitúan dentro del territorio de Cantabria. Una de las características más destacables de la cuenca del Deva estriba en que corre por zonas muy elevadas de los Picos de Europa, convirtiéndose de este modo en la cuenca de mayor altitud del norte de la península. En las abruptas alturas de los Picos de Europa, el Deva corre muy rápido y forma valles muy estrechos que quedan encajonados en las montañas.

El Nansa nace entre Peña Labra y el pico de los Tres Mares, a 1.100 m de altitud. Su cuenca se encuentra en territorio asturiano. En la parte más alta de la cuenca, el Nansa modela un valle de pendiente muy vertical, encajonado entre las faldas de las montañas. Lo acompañan frondosos bosques de robles y alisos, que más abajo dejan paso a grandes extensiones de pastizales. En los tramos centrales el río entra en un terreno muy poco poblado, y corre sin mayores dificultades hasta que llega a una zona más accidentada, que le obliga a encajonarse de nuevo. Vuelven a aparecer los bosques, que se verán otra vez sustituidos por pastizales a medida que el río se va acercando al mar, para desembocar en la ría de Tina Menor.

Los Picos de Europa constituyen un gran bloque calcáreo limitado por los valles del Sella, al oeste, y del Deva, al este. Destacan tres zonas divididas por profundos valles: la oriental o Sierra de Andara, la central o de Bulnes, y la occidental o Sierra de Covadonga.

El sistema Saja-Besaya

Es la cuenca más extensa de Cantabria. Se origina en el pico de los Tres Mares y cubre una extensión de 1.025 km^2. La denominación Saja-Besaya no está exenta de cierta polémica, ya que las cuencas de ambos ríos son de similar importancia, por lo que a veces ha habido confusión a la hora de decidir el orden en el que se nombraban dichos ríos.

En su cuenca alta, el Saja presenta un curso rápido y caudaloso, y recibe muchos afluentes que descienden de las sierras vecinas. En este tramo predominan los valles en forma de V. El siguiente tramo, que llega has-

ta Torrelavega, está formado por amplias llanuras aluviales. Por su parte, el Besaya, que nace muy cerca del Ebro, en una zona de montaña baja, sigue un curso poco accidentado hasta encontrar el Saja en Torrelavega. Desde esta población, el Saja-Besaya se dirige al Cantábrico para desembocar en la ría de Suances.

Situado en el centro-occidental de Cantabria, el Parque Natural de Saja-Besaya toma su nombre de estos ríos, que le confieren su singularidad. Paraíso de senderistas, comprende una amplia superficie forestal de gran valor ecológico y paisajístico.

El Pas y los ríos del occidente

Si la cuenca del Saja-Besaya es la mayor cuenca hidrográfica de Cantabria, le sigue en extensión, aunque a considerable distancia, la cuenca del río Pas, que drena los valles pasiegos y que abarca una superficie de 649 km^2. El río tiene un curso de 60 km, que se inicia en la confluencia de varios arroyos con el río Yera, y vierte sus aguas al mar en la ría de Mogro.

La cuenca del Miera abarca unos 315 km^2. Este río, que desemboca en la bahía de Santander tras recorrer 41 km, es poco más que un arroyo en su curso alto debido a los accidentes del terreno en el que se origina, el Portillo de Ludana, a más de 1.200 m de altitud. Atraviesa un valle en forma de V que aparece rodeado de paredes verticales. A medida que el río deja atrás las montañas, los valles son cada vez más anchos.

El Campiazo, que da nombre a la menor de las cuencas hidrográficas de la región, se inicia muy cerca de la población de Solórzano, en el pico Regolfo, a poco más de 1.000 m de altitud, lo que explica la modestia de su caudal y de su cuenca. Desemboca en la ría de Ajo tras recorrer 20 km.

El Parque Natural de Oyambre lo forman las rías de San Vicente de la Barquera y La Rabia con playas, dunas, acantilados y los bosques de Monte Corona. En él se combinan paisajes costeros y estuarios con praderías y bosques de especies autóctonas.

A pocos kilómetros del litoral cantábrico, en el puerto de montaña de Asón, nace el río del mismo nombre, que forma una de las cuencas más extensas de toda la Comunidad, ya que cubre una superficie total de 562 km^2, de los cuales 423 km^2 pertenecen a Cantabria (el resto se adentra en tierras vascas).

Por último, las cuencas fluviales que irrigan la parte más oriental de la Comunidad se originan en ríos que nacen a menos altura que los occidentales, y por tanto son menos caudalosos y torrenciales. Uno de estos ríos es el Agüera, que tiene una cuenca de 135 km^2, de los cuales el 40 % se encuentra en territorio vasco.

La cuenca del Ebro

El río Ebro tiene una longitud total de 910 km, de los cuales 59 km transcurren dentro de los límites de Can-

Se ha ubicado tradicionalmente el nacimiento del río Ebro en Fontibre, pero sus fuentes surgen del pico de los Tres Mares.

Los estuarios del Parque Natural de Oyambre, en las cercanías de San Vicente de la Barquera, son el hábitat de una fauna específica, por lo que su conservación es fundamental para el mantenimiento del potencial pesquero.

tabria. La superficie de su cuenca es de 85.362 km^2, de los que 445 km^2 están en Andorra, 502 km^2 en Francia y el resto en España. Es la cuenca hidrográfica más grande del Estado y riega prácticamente una quinta parte del territorio de la península. La extensión de la cuenca del Ebro en Cantabria es de 766 km^2, lo que representa poco más del 13 % del territorio de la Comunidad y menos del 1 % de la superficie de la cuenca total. En tierras cántabras la acción erosiva del Ebro es relativamente poco importante.

Cantabria tiene a gala albergar la cuna del Ebro, que suele ubicarse en Fontibre, en la comarca de Alto Campoo, cerca de Reinosa, casi al pie del pico de los Tres Mares. A unos 8 km de su nacimiento se ha construido uno de los embalses más grandes de España, con una capacidad de más de 500 millones de metros cúbicos. Aunque casi todo el embalse se encuentra en Cantabria, a causa de su extensión parte del mismo alcanza hasta tierras burgalesas.

Fontibre está situada a unos 900 m de altitud sobre el nivel del mar. Antes de llegar al embalse, el Ebro pasa por el término municipal de Reinosa, y una vez que deja

Gerardo Diego y la lírica del Ebro

El gran poeta Gerardo Diego nació en Santander un 3 de noviembre del año 1896, en el seno de una familia de comerciantes. Pertenece a la famosa Generación del 27, integrada también, entre otros, por Jorge Guillén, Dámaso Alonso, Pedro Salinas, Rafael Alberti y Federico García Lorca. Fue profesor de literatura durante muchos años. Antes de morir, el 8 de julio de 1987, tuvo tiempo de dejar una obra extensa y de gran calidad que, entre otros reconocimientos, le valió el premio Cervantes en 1979, compartido con Jorge Luis Borges. Uno de sus poemas tiene como fuente de inspiración el pico de los Tres Mares, el lugar de nacimiento del río Ebro: «Ni una gasa de niebla, / ni una lluvia o cellisca, / ni una dádiva de nieve,/ ni un borbollar de fuente candorosa/ dejó perderse. / Madre soy de Iberia,/ que incesante en mi seno nace y dura./ A los tres mares que la ciñen, corren / distintas y purísimas mis aguas,/ al Ebro, el Híjar, el Pisuerga al Duero,/ y el Nansa se despeña./ Tres destinos: / Mediterráneo, Atlántico, Cantábrico./ Y mi cúspide eterna,/ bendiciendo –vientos de Dios– / España toda en torno./ Prosternate en mi altar si eres hispano;/ si de otras tierras, mira, admira y calla».

Desde los observatorios de las Marismas de Santoña se pueden contemplar las aves durante todo el año, pero es a finales de diciembre y principios de enero cuando se produce la mayor concentración de ellas.

Los puntos de observación del Parque Natural de Oyambre son un lugar privilegiado para admirar la evolución de los alcatraces que, a escasa distancia de la costa, se zambullen en picado en el mar en busca de alimento.

atrás el embalse enfila dirección sur y atraviesa, entre otras, la población de Valdeprado. Luego, entra unos kilómetros en tierras palentinas y regresa a Cantabria para pasar por Cubillo de Ebro. La última población cántabra que recorre el Ebro antes de adentrarse en la provincia de Burgos es Villaescusa de Ebro.

Se ha ubicado tradicionalmente el nacimiento del río Ebro en Fontibre, pero sus fuentes surgen del pico de los Tres Mares. Fontibre se encuentra en el término municipal de Campoo de Suso, a unos 6 km de Reinosa. Allí un monolito de piedra recoge el nombre de todas las provincias por las que pasa el Ebro hasta llegar al Mediterráneo en la costa de Tarragona. En realidad, lo que en esta pequeña aldea aflora en el terreno calizo es el curso subterráneo del río Híjar, que es el caudal que se origina en el pico de los Tres Mares, pero se suele tomar Fontibre como punto de nacimiento del Ebro.

Flora y fauna de Cantabria

El clima privilegiado que permite que la vegetación se extienda por toda la Comunidad, a excepción de las cumbres más elevadas y algunas zonas del litoral, es el gran benefactor de la flora y la fauna cántabras. Sin duda, la principal característica que encontramos entre las especies florales y faunísticas de esta Comunidad es la diversidad.

La mayor parte de las tierras de Cantabria están bajo la influencia del clima atlántico, por lo que el tejo, los robles y los hayedos disponen de un régimen de temperaturas suaves y templadas, con muy poca variabilidad térmica, y lluvias frecuentes que se reparten de forma uniforme durante prácticamente todo el año.

Y si la costa de Cantabria es el hábitat de multitud de especies marinas, vegetales y animales, que encuentran en las marismas el medio más privilegiado, los tupidos prados y los frondosos bosques del interior, así como las zonas montañosas, son el marco ideal para que el gato montés, el jabalí, el rebeco, el corzo o el urogallo puedan vivir con tranquilidad.

Bosques, prados y dunas

La flora más típica del interior de Cantabria, así como de muchas zonas del litoral, son los bosques y los prados. Por otro lado, en la costa se encuentran diversos sistemas de dunas que albergan una vegetación muy singular. Los prados se pueden encontrar prácticamente en cualquier punto de la Comunidad, desde las cumbres más elevadas de la cordillera Cantábrica (aunque por encima de los

En el Parque Natural del Macizo de Peña Cabarga destaca la presencia del encinar costero sobre los suelos líticos calizos, además de restos de robledales, bosques mixtos y bosque de ribera. En estas últimas formaciones crían aves acuáticas.

Entre la variada flora del Parque Natural de Saja-Besaya se encuentra el acebo, arbusto perenne aquifoliáceo de hojas lustrosas y duras, flores blancas y pequeñas y fruto rojo en baya.

1.500 m pueden empezar a escasear), pasando por los valles más encajonados, hasta llegar prácticamente a primera línea de mar, donde se oye ya el romper de las olas contra los acantilados, componiendo uno de los paisajes típicos del litoral.

Los prados que se encuentran a gran altitud se conocen como pastos de altura. Se benefician de las abundantes lluvias y, a su vez, proporcionan sustento a muchas especies animales. Además, son los protagonistas indiscutibles de las estampas más típicas y hermosas de la región: una pequeña aldea y al fondo las montañas tapizadas de praderas.

En el patrimonio forestal predominan las especies del bosque atlántico caducifolio. Los robles son los árboles más frecuentes, en particular el roble albar (*Quercus petraea*), que suele rondar los 20 m de altura y exhibe una hermosa copa en abanico. El hayedo, otra de las especies más características, es un árbol esbelto y elegante. Robles y hayedos se reparten por casi toda la región, aunque si hubiera que destacar una zona donde estos árboles llenan de colorido el paisaje durante buena parte del año, habría que citar la Reserva Natural del Saja-Nansa, situada entre la costa y las sierras de la cordillera Cantábrica. También en el nacimiento del río Agüera, en la cabecera del valle de Villaverde de Trucíos, un tupido bosque de robles, hayedos, encinas y tejos ofrece una de las concentraciones boscosas más importantes.

Las encinas, con sus copas redondeadas, inconfundibles, y los tejos, de hojas largas y afiladas, están también presentes en Cantabria. Otras especies, como castaños, olmos, avellanos y arces, conviven con especies de repoblación como el eucalipto y el pino, que si bien han contribuido al desarrollo económico, han arrebatado el terreno a muchas especies nativas.

Flora protegida de Cantabria

En peligro de extinción

Mosquitas doradas (Linaria supina s. maritima)
Alhelí de mar (Malcolmia littorea)

Sensibles a la alteración de su hábitat

Malvavisco común (Althaea officinalis)
Milhojas de agua (Ceratophyllum demersum)
Cola de caballo de bosque (Equisetum sylvaticum)
Helecho juncal (Isoetes velatum)
Junco cantábrico (Juncus cantabricus)
Borraza, hierba salada (Spartina maritima)
Sosa prima (Suaeda vera)

Especies vulnerables

Berza marina (Brassica oleácea s. oleracea)
Filis de mar (Devalia canariensis)
Helecho hembra de pantano (Thelypteris palustris)
Helechilla (Trichomanes speciosum)

Especies de interés especial

Helecho real (Culcita macrocarpa)
Genciana (Gentiana lutea)
Nardo marítimo (Pancratium maritimum)
Encina (Quercus ilex)
Tejo (Taxus baccata)
Fresno de hoja estrecha (Fraxinus angustifolia)

Especies emblemáticas de la fauna cántabra

Cantabria es una comunidad privilegiada en lo referente a la fauna. Sin embargo, a pesar de los esfuerzos que se están realizando, algunas de las especies más emblemáticas de la fauna cántabra tienen verdaderos proble-

El hayedo, otra de las especies más características, es un árbol esbelto y elegante. Robles y hayedos se reparten por casi toda la región, aunque si hubiera que destacar una zona donde estos árboles llenan de colorido el paisaje durante buena parte del año, habría que citar la Reserva Natural del Saja-Nansa, situada entre la costa y las sierras de la cordillera Cantábrica.

mas para sobrevivir. Es el caso del oso pardo, el animal más grande que pueda encontrarse en toda la península y uno de los más amenazados. La subespecie que habita en Cantabria es una de las más pequeñas del mundo. Los machos suelen pesar como mucho 180 kg, cuando en otras partes pueden llegar a los 240 kg. En Cantabria se calcula una población de 25 o 30 ejemplares, que en estos parajes encuentran su hábitat ideal, ya que les gusta vivir en los bosques, cerca de zonas de matorrales espesos, donde pueden esconderse cuando es necesario. Su dieta está basada en hierbas, raíces, tallos, gusanos, insectos, etc. Para su letargo invernal buscan cuevas, huecos de viejos robles y brezales.

El urogallo es una de las aves más fascinantes de los bosques de Cantabria. Es algo más grande que un gallo doméstico, y su dieta es vegetariana (bayas, brotes, etc.).

(Páginas anteriores) Un rincón del idílico valle del Pas, río histórico que parte en dos mitades a Cantabria por su centro. Aunque benévolo y próspero, la historia ha recogido sus furibundas y arrolladoras crecidas.

El ánade real es un pato de superficie que habita cerca del agua, tanto en la dulce como en los estuarios. La cabeza y el cuello del macho tienen tonos verdes, mientras que la hembra es parda. Es el origen de numerosas razas domésticas.

El caserío de Los Tojos, pueblo situado en el incomparable marco de la Reserva del Saja, se alinea a lo largo del que fuera el camino al puerto de Palombrera, por lo que es posible que por él pasara Carlos V camino de Flandes. La pintoresca arquitectura popular y los paisajes que lo rodean invitan a visitarlo.

No suele pesar más de 5 kg, y cuando no está en celo es un ave muy difícil de ver. Habita en los bosques frondosos, en la franja de 1.000 a 1.300 m de altitud. El canto de los machos para atraer a las hembras es tan potente, que hay quien piensa que se quedan sordos y ciegos mientras cantan, por el esfuerzo que deben realizar.

Una especie muy característica de la cordillera Cantábrica, el rebeco, suele permanecer en zonas de acceso difícil para el hombre, principalmente los riscos, aunque en invierno puede buscar refugio en los bosques. Se alimenta de hierbas, arbustos y frutos, y puede pesar entre 25 y 35 kg.

Al macho de jabalí le gusta la vida solitaria. Sólo las hembras viven en manadas, en las que suelen haber machos de diversas edades. Los jabalíes, que pueden pesar hasta 200 kg, se alimentan sobre todo de frutos del bosque (castañas, avellanas, bellotas), aunque son animales omnívoros. Su pasión por revolcarse en el barro no es un simple capricho; luego se frotan contra los árboles para marcar su territorio.

Fauna protegida de Cantabria

En peligro de extinción
Oso pardo (Ursus arctos)

Sensibles a la alteración de su hábitat
Urogallo (Tetrao urogallus)
Murciélago ratonero grande (Myotis myotis)

Especies vulnerables
Zarapito real (Numenius arquata)
Águila real (Aquila chrysaetos)

Especies de interés especial
Alimoche (Neophron pecnopterus)
Nutria (Lutra lutra)

Si nos cruzamos con un gato montés, hay que tener en cuenta que aunque se parezca a los gatos domésticos, acostumbrados a las estufas y a la presencia humana, tiene unas costumbres muy diferentes a éstos. Puede alcanzar casi 7 kg de peso, y luce en su gran cabeza un dibujo atigrado de franjas anchas. Es carnívoro, y entre sus presas preferidas están los roedores, reptiles, pájaros y urogallos.

El lobo, con su cuerpo musculoso y su mirada fría, es uno de los animales más temidos de la fauna cántabra. Es muy veloz y corre en grupo detrás de sus presas hasta que les da caza. Le gusta habitar en zonas boscosas o plagadas de matorrales que le sirven de refugio.

Entre las aves, además del urogallo, hay que destacar el águila real, dueña de los cielos, aunque está en una situación difícil para sobrevivir. Con un poco de paciencia, se la puede observar en la comarca de Liébana, una de las zonas donde se encuentran más ejemplares.

Buscamos ahora el curso caudaloso de los ríos cántabros. Entre la fauna piscícola, en el Asón, el Campiazo, el Saja-Besaya y el Ebro podemos encontrar el salmón, la trucha y la nutria, especies también emblemáticas de la fauna cántabra.

(Izquierda) Nada más nacer, el Asón se descuelga por una espectacular cascada que se puede admirar en el Parque Natural de los Collados del Asón, situado en plena cordillera. Singular por sus bellos paisajes, el Parque se asienta sobre un macizo calizo. La abundante vegetación se corresponde con el bosque atlántico caducifolio, con dominio del hayedo que crece junto a mostajos, majuelos, abedules, rebollos y, en cotas inferiores y más secas, encinares.

(Derecha) Noja. Dunas de Liencres. El tesoro ecológico de las dunas de Liencres abarca 195 ha, guardado entre el Cantábrico y la desembocadura del río Pas. El junco de arena o el cardo marino conviven entre las dunas. Fue declarado Parque Natural en 1986.

Espacios naturales protegidos

En las tierras cántabras hay varias zonas del interior o del litoral especialmente delimitadas para proteger la diversidad biológica y asimismo los recursos naturales y culturales que encierran. La sensibilidad hacia el medio natural es cada vez más viva en Cantabria.

La protección de la naturaleza en Cantabria

En Cantabria la preocupación por la protección de la naturaleza es un hecho asumido desde mucho tiempo atrás. No en vano, el Parque Nacional de los Picos de Europa es una ampliación del Parque de Covadonga que fue el primer Parque Nacional de España, creado en el año 1918. Asimismo, otro ejemplo del especial cuidado puesto en la preservación de la naturaleza es la Reserva Nacional de Caza del Saja, creada en 1966, que aunque dedicada a fines cinegéticos supone una muestra del interés por proteger el patrimonio natural de la Comunidad. Esta antigua reserva es ahora un Parque Natural.

Hasta el día de hoy, la Comunidad Autónoma de Cantabria no ha desarrollado la capacidad normativa que en el marco de sus competencias hace referencia a legislación ambiental. De este modo, la legislación básica para la regulación y conservación de los espacios naturales protegidos es de ámbito estatal.

La Red Natura 2000

La Red Natura 2000 es, como ocurre en el resto de las comunidades autónomas del Estado español, el eje vertebrador y regulador de la red de espacios protegidos. La Red Natura 2000 se deriva de una directiva de la Unión Europea, en la que se indica que la UE «crea una red ecológica europea coherente de zonas especiales de conservación, denominada Natura 2000. Dicha red [...] deberá garantizar el mantenimiento o el restablecimiento, en un estado de conservación favorable, de los tipos de hábitats naturales y de los hábitats de las especies de que se trate en su área de distribución natural». La Unión

Europea, a través de la Comisión Europea, tiene la responsabilidad de tutelar todo el proceso y asegurar que se cumplan los objetivos marcados en las diferentes directivas europeas. En el Estado español, las comunidades autónomas son las responsables últimas de definir y gestionar la red, y a las que corresponde proponer los Lugares de Importancia Comunitaria (LIC). La red de LIC en la Comunidad de Cantabria está integrada por 21 lugares que suman una superficie total de 134.214 ha. Además, la Red Natura 2000 en Cantabria cuenta con ocho Zonas de Especial Protección de Aves (ZEPA), que suman una superficie total de 79.110 ha. De este modo, si sumamos la extensión de los LIC y las ZEPA, que en muchas zonas de la región se solapan, hay una superficie total de 144.395 ha pertenecientes a la Red Natura 2000, lo que en porcentaje supone un 26 % de la superficie total de la Comunidad.

Los parques naturales de Cantabria

A pesar de ser una región pequeña, Cantabria cuenta con cinco parques naturales, una reserva natural y un parque nacional. La riqueza de los parques estriba en que son áreas que se mantienen bastante vírgenes de la mano del hombre y que acreditan un singular valor científico, educativo, ecológico o estético. El principal objetivo de los parques naturales es preservar y potenciar la riqueza de flora, fauna y paisajística que poseen, así que en muchas partes está prohibido el acceso a los visitantes.

Espacios protegidos de Cantabria

Parque Nacional	Superficie	Año
P.N. de los Picos de Europa *(en Cantabria)*	64.660 ha	1995

Parques Naturales	Superficie	Año
P.N. de las Dunas de Liencres	195 ha	1986
P.N. de Saja Besaya	24.500 ha	1988
P.N. de Oyambre	5.758 ha	1988
P.N. del Macizo de Peña Cabarga	2.588 ha	1989
R.N. de las Marismas de Santoña, Victoria y Joyel	2.588 ha	1992
P.N. de los Collados del Asón	4.740 ha	1999

Lugares de Importancia Comunitaria (LIC)	Superficie	Año
Liébana	42.546,08 ha	2005
Montaña Oriental	21.679 ha	2005
Rías Occidentales y duna de Oyambre	1.272,62 ha	2005
Dunas de Liencres y estuario del Pas	544,21 ha	2005
Dunas del Puntal y estuario del Miera	675,04 ha	2005
Costa central y ría de Ajo	444,48 ha	2005
Marismas de Santoña, Victoria y Joyel	3.701,47 ha	2005
Río Deva	397,91 ha	2005
Río Nansa	569,86 ha	2005
Río Pas	957,29 ha	2005
Río Asón	530,49 ha	2005
Río Agüera	214,48 ha	2005
Río y embalse del Ebro	4.342,90 ha	2005
Río Camesa	245,66 ha	2005
Río Miera	395,53 ha	2005
Sierra del Escudo	3.198,15 ha	2005
Cueva en Santillana del Mar y Alfoz de Lloredo	112,27 ha	2005
Cueva en Val de San Vicente	180,00 ha	2005
Río Saja	321,28 ha	2005
Valles altos del Nansa y Saja y Alto Campoo	51.098,51 ha	2005
Sierra del Escudo de Cabuérniga	787,02 ha	2005

Zonas de Especial Protección para las Aves

Marismas de Santoña, Victoria Joyel y ría de Ajo (6.904,00 ha); Liébana (29.071,00 ha); Desfiladero de La Hermida (6.350,00 ha); Sierra de Peña Sagra (5.020,00 ha); Sierra de Hijar (4.730,00 ha); Sierra del Cordel y cabeceras del Nansa y Saja (16.244,00 ha); embalse del Ebro (6.711,00 ha); Hoces del Ebro (4.080,00 ha).

(Arriba) Las marismas del Joyel, una zona de humedales que compone bellos paisajes, atraen el interés tanto de ornitólogos como turistas. La visita de estos arenales es uno de los atractivos de la zona.

Próximo a la cima del puerto de Palombrera, en pleno Parque Natural de Saja-Besaya, entre hayas, acebos y abedules se encuentra el Balcón de la Cardosa, desde el cual se puede contemplar una panorámica impresionante.

Los Picos de Europa son el resultado de 300 millones de historia, durante los cuales los plegamientos, las glaciaciones y la erosión han conformado uno de los parajes más espectaculares de los que puede gozar el visitante que se acerca a Cantabria.

Parque Nacional de los Picos de Europa

El paisaje duro y áspero de los Picos de Europa es uno de los tesoros del patrimonio natural de Cantabria, Asturias y Castilla y León, las comunidades autónomas que tienen el privilegio de albergar parte del parque, y también de toda la geografía española. Los Picos de Europa son el resultado de 300 millones de años de historia, durante los cuales los plegamientos, las glaciaciones y la erosión han conformado uno de los parajes más espectaculares de los que puede gozar el visitante que se acerca a Cantabria. A grandes rasgos, nos regalan un paisaje abrupto, de verdes valles y espectaculares montañas, con gargantas y desfiladeros tan profundos que quitan el aliento.

En el parque hay asimismo testimonios de las muestras más antiguas de nuestra cultura, ya que en él se encuentran varias cuevas paleolíticas con pinturas rupestres. La presencia humana en los Picos de Europa al parecer empieza en el Neolítico, cuando los primeros pobladores de la zona se establecieron en los valles. Posteriormente, los celtas se harían dueños de estas tierras, y los astures encontrarían en las escarpadas montañas un refugio seguro cuando debieron enfrentarse a romanos y árabes. Durante la Edad Media aparecieron iglesias y monasterios, y también los primeros pueblos, que se comunicaron entre sí por pedregosos e intrincados caminos montañosos que salvaban la colosal barrera pétrea y el aislamiento, que siempre ha sido una de las características que ha definido a estos Picos de Europa.

La historia del Parque Nacional de los Picos de Europa se inicia en el año 1918. El 22 de julio de ese año, con motivo del decimosegundo centenario de la batalla de Covadonga, se inauguraba el Parque Nacional de la Montaña de Covadonga del Macizo de Peña Santa, el primer parque nacional creado en España. Finalmente, el 30 de mayo de 1995 las Cortes Generales aprobaban la declaración del Parque Nacional de los Picos de Europa, que incluye todos los territorios actuales.

En Cantabria el parque ocupa una extensión de 15.200 ha, siendo su superficie total de 64.660 ha. Asimismo, el parque tiene la categoría de Reserva de la Biosfera, otorgada en el año 2001 por la Unesco, y la zona de los lagos de Covadonga pertenece a la red ZEPA. En esta parte cántabra está el macizo oriental de los Picos, también denominado macizo de Andara. Los municipios que quedan dentro del territorio del parque son los de Camaleño, Cillorigo y Tresviso, en la comarca de Liébana.

El Parque Nacional de los Picos de Europa es un parque de alta montaña que presenta numerosas cotas que superan los 1.500 m de altitud, donde la vegetación ya ha desaparecido prácticamente, y la temperatura media se acerca a los cero grados. A estas alturas las precipitaciones son abundantes durante buena parte del año, y en invierno las lluvias ceden su turno a la nieve.

En la parte más occidental del parque se encuentra el macizo de Cornión o macizo de Covadonga, el más pequeño de los tres que forman los Picos de Europa. En él están los lagos de Covadonga, uno de los principales atractivos, y con razón, porque se trata de uno de los parajes más hermosos. Este macizo se reparte entre Asturias y León, y tiene su pico más alto en la Peña Santa de Castilla (2.596 m). Hacia el este, el macizo Central, que tiene su techo en el pico de Torrecerredo (2.646 m), se reparte por Asturias y León.

El Parque Nacional de los Picos de Europa, declarado como tal en 1995 y con una extensión de 64.660 ha, es uno de los espacios más visitados de toda la Red de Parques Nacionales de España, por lo que se estableció un sistema que adecúa el número de visitas a su capacidad de acogida.

Parque Nacional de los Picos de Europa

Descripción
Macizo montañoso de la cordillera Cantábrica. Declarado Parque Nacional en 1995. Zona Especial de Protección para las Aves (1995, ampliada en 2003). Reserva de la Biosfera (Unesco, 2003).

Superficie
64.660 ha (15.200 ha en Cantabria).

Localización
En la cordillera Cantábrica. Abarca un amplio territorio repartido entre Cantabria (Liébana), Asturias y Castilla y León.

Accesos
Por la nacional N-634 hasta Unquera y luego por la N-621 hasta Panes y por la AS-114 hasta Las Arenas.

Clima
Continental de montaña, muy lluvioso, con frecuentes nevadas y mucha niebla.

Flora
Pastos, hayas, robles, encinas, fresnos, alisos, arces, enebros, avellanos, brezos.

Fauna
Osos, rebecos, corzos, ciervos, lobos, águilas, buitres, alimoches, urogallos, truchas.

Consejos prácticos
Prendas cómodas y para los cambios bruscos de temperatura o lluvias repentinas; es conveniente llevar un mapa detallado del parque y una brújula.

Actividades
Excursionismo, senderismo, escalada, barranquismo, espeleología, piragüismo, parapente, equitación. Excursiones guiadas del 1 de julio al 30 de septiembre.

Centros de atención a los visitantes
Oficinas del Parque Nacional de los Picos de Europa
c./ Arquitecto Reguera, 13 – 33004 Oviedo (Asturias)
Tel. 985 241 412 – 985 255 376
e-mail: picos@mma.es
Oficina de Información «Casa Dago»
Avda. Covadonga, 43 – 33550 Cangas de Onís (Asturias)
Tel. 985 848 614 / 849 154 – Fax 985 848 699
Centro de Interpretación «Pedro Pidal»
Buferrera – Lagos de Covadonga (Cangas de Onís)

Para comer
El Rebeco
Ctra. Fuente Dé, s/n. Fuente Dé
Tel. 942 736 600
Paco Wences
Roscabao, s/n. Potes
Tel. 942 730 025
Tasca Cántabra
Cántabra s/n. Potes
Tel. 942 730 714

Para pernoctar
El Caserío
Ctra. Potes-Fuente Dé, Camañelo
Tel 942 733 048
Infantado
Ojedo
Tel. 942 730 939
Parador de Turismo Río Deva
Fuente Dé
Tel. 942 736 651

Al visitar los parques
Respetad la naturaleza y la paz de estos parajes. Ir en vehículo sólo por las calzadas, y a pie por los senderos. Está prohibido hacer fuego, la acampada libre, la caza y la pesca. No dejéis basuras. Seguid las indicaciones de los guardas.

Ya en Cantabria, el macizo de Andara es el que presenta un relieve más suave de los tres, aunque se recorta en el horizonte como una silueta de montañas afiladas, rocas imponentes y valles encajados. Es el sitio perfecto para quienes gustan calzarse las botas de montaña y caminar y caminar por senderos, bosques y montes. Durante los meses de verano se realizan unas rutas guiadas por diferentes zonas del parque. En territorio cántabro son sumamente recomendables la ruta que lleva al canal de las Arredondas y la que va hasta la sierra de Bejes.

El macizo de Andara, que tiene el pico más alto en la Morra de los Lechugales (2.441 m), está delimitado por los ríos Deva y Duje, y separa el valle de Liébana de la depresión formada por el puerto de Áliva. Alrededor del macizo de Andara se extiende una tupida extensión de

masa forestal que comprende diferentes especies arbóreas en función de la altitud. De este modo, en las zonas de menos altura, los valles aparecen poblados de bosques mixtos caducifolios de fresnos, arces, robles, castaños, etc. En los pisos superiores abundan los bosques de roble y roble albar, así como los hayedos. Más arriba empiezan a aparecer abedules y serbales, y hasta los 1.200-1.400 m también se pueden observar muchas carrascas, muy presentes en el Desfiladero de Hermida, uno de los parajes más hermosos del parque. Las cumbres son territorio casi exclusivo de roquedos y prados, aunque a partir de 1.500 m sólo resisten las duras rocas calizas.

La fauna es otro de los tesoros del parque, gracias a las estrictas políticas de conservación que se han aplicado desde hace años. Así, en zonas no muy elevadas, sobre todo en los valles y en las alturas medias, hay lobos, osos y corzos, mientras que cerca de las cumbres, alimentándose de las hierbas de los prados subalpinos que se extienden como un enorme manto verde, habitan rebecos y corzos, y sobrevuelan las aves (gorriones alpinos, águilas reales, etc.).

El Parque Natural de las Dunas de Liencres, en la desembocadura del Pas y situado a sólo 15 km de Santander, es el arenal más importante del litoral del norte de la Península.

(Páginas anteriores) En los Picos de Europa el ser humano ha sabido adaptarse al medio montañoso y ha respetado los ciclos de la naturaleza. Al ser escasa la superficie apta para el cultivo, la economía tradicional se basa en la ganadería.

Parque Natural de las Dunas de Liencres

No por ser el más pequeño de los parques es el menos interesante. El paisaje singular del Parque Natural de las Dunas de Liencres tiene 195 ha, por lo que está a mucha distancia, en cuanto a extensión, del resto de los parques cántabros. Piélagos es el término municipal que se encuentra dentro del territorio del parque, que es el espacio natural más antiguo de la Comunidad tras los Picos de Europa, ya que fue creado en el año 1986.

Estas dunas se originan por el encuentro entre las corrientes marinas y el río Pas. Aunque a primera vista parezca lo contrario, la vegetación de estas formaciones de dunas es de lo más rica y variada.

El parque, que está a poco más de 15 km de Santander, está ubicado en la desembocadura del río Pas, y cuenta con una de las formaciones de dunas más interesantes de la costa peninsular. Una de las principales virtudes de este espacio protegido es asegurar la preservación de una vegetación casi única, que se ha perdido en otras zonas del litoral, y sobre todo de unas interesantes formaciones de dunas. Estas dunas se originan por el encuentro entre las corrientes marinas y el río Pas. Aunque a primera vista parezca lo contrario, la vegetación de estas formaciones de dunas es de lo más rica y variada.

Parque Natural de las Dunas de Liencres

Descripción
En la zona central del litoral cántabro, comprende un importante sistema de dunas. Declarado parque natural en 1986.

Superficie
195 ha.

Localización
En la desembocadura del río Pas, dentro del término municipal de Piélagos.

Accesos
Desde Santander por la N-611 hasta Santa Cruz de Bezana y luego por la carretera local S-463 hasta Liendres.

Clima
Marítimo de temperaturas suaves, muy húmedo y lluvioso.

Flora
Pastos, hayas, robles, encinas, fresnos, alisos, arces, enebros, avellanos, brezos.
Gramas, lecheteznas, barrones, cardos, soldanellas, lirios de mar, pinos marítimos, etc.

Fauna
Ánades, correlimos, garzas, pollas de agua, gaviotas.

Centros de atención a los visitantes
Oficina de Turismo del Ayuntamiento – Piélagos
Tel. 942 570 136

Para comer
Mesón El Labrador
c./ La Cruz, 4 - Liencres
Tel. 942 579 748
Asador Paraíso del Pas
Ctra. De Vioño – Oruña
Tel. 942 575 520

Para pernoctar
Hostal Ontañón
Liencres - Tel. 942 579 743
Hotel Vista Hermosa
Liencres - Tel. 942 579 146

Al visitar los parques
Respetad la naturaleza y la paz de estos parajes. Ir en vehículo sólo por las calzadas, y a pie por los senderos. Está prohibido hacer fuego, la acampada libre, la caza y la pesca. No dejéis basuras. Seguid las indicaciones de los guardas.

En los sistemas de dunas del parque encontramos los tres tipos de dunas existentes. En las dunas primarias habita sobre todo la grama marina. Por su parte, en las secundarias viven el barrón, el cardo marítimo y el lirio de mar. En las terciarias abundan la manzanilla bastarda y la clavelina. Para ayudar a que este tipo de vegetación quedara bien arraigada en las dunas, a mediados del pasado siglo se plantaron numerosos pinos marítimos.

(Izquierda) Las Dunas de Liencres, de gran interés geomorfológico y paisajístico, albergan un ecosistema con una vegetación especializada que presenta una considerable extensión.

(Derecha) Detalle de la vegetación de las dunas en la zona de Noja. Son plantas de raíces muy desarrolladas y hojas adaptadas a los ambientes salinos.

Las aves migratorias son fieles visitantes de este parque, y lo emplean como zona de invernada especies como la garza real, el rascón y la polla de agua. Las aves de paso más importantes son el zarapito trinador, el chorlitejo grande y el correlimos común.

Parque Natural de Saja-Besaya

El Parque Natural de Saja-Besaya fue declarado como tal mediante un decreto del Gobierno cántabro en mayo de 1988. Está situado en la zona centro-occidental de la región, y cuenta con una superficie total de 24.500 ha, que se reparten por los municipios de Arenas de Iguña, Cabuérniga, Cieza, Hermandad de Campoo de Suso, Ruente y Los Tojos, y la mancomunidad de Campoo-Cabuérniga. Es por tanto el parque natural de mayor extensión de la Comunidad, ya que el parque de los Picos de Europa sólo ocupa 15.200 ha.

La orografía de la zona que abarca el parque es extremadamente accidentada, lo que sumado a lo adverso del clima ha disuadido al hombre de venir a asentarse aquí. Gracias a ello, la naturaleza se presenta en un estado casi puro, ya que el único núcleo urbano que hay dentro de los límites del parque es la pequeña aldea de Bárcena Mayor, de carácter deliciosamente rural, y que conserva aún una arquitectura montañosa muy interesante.

Los valles del Saja y del Besaya discurren en paralelo por entre cumbres, formando el Parque Natural de Saja-Besaya. El valle del Besaya es el menos accidentado y en él abundan los pastizales.

El parque, cuyo pico más alto es el Ijan (2.084 m), está situado entre los ríos Saja y Besaya, y se ha convenido dividirlo en cuatro zonas, en función de su caracterización orográfica. Estas cuatro zonas son la vertiente del Besaya, las cuencas de los afluentes del Saja medio, el valle de Argoza y la cabecera del Saja.

Parque Natural de Saja-Besaya

Descripción
Cuencas de los ríos Saja y Besaya y las montañas de los montes de Ucieda y de la sierra de Bárcena Mayor. Declarado Parque Natural en 1988.

Superficie
24.500 ha.

Localización
En la zona centro-occidental de Cantabria, entre los cursos superior y medio de los ríos Saja y Besaya.

Accesos
Por la C-625 para el valle del Saja y por la N-611 para el valle del Besaya.

Clima
Continental de montaña, con abundantes lluvias.

Flora y fauna
Hayas, tejos, robles, rebollos, castaños, pinos, abedules. Venados, corzos, jabalíes, lobos, osos, nutrias, águilas.

Actividades
Senderismo, equitación, ciclo turismo, pesca, caza.

Centros de atención a los visitantes

Dirección General de Montes y Conservación de la Naturaleza
c./ Rodríguez, 5, 1º - 39003 Santander
Tel. 942 207 594

Para comer

Venta La Franca
Bárcena Mayor - Tel. 942 706 067
Mesón Río Argoza
Bárcena Mayor - Tel. 942 706 033

Para pernoctar

La Corza Blanca
Ctra. Reinosa-Tres Mares, km, 24 – Reinosa
Tel. 942 779 250
Hostal Reserva del Saja
Renedo de Cabuérniga - Tel. 942 706 190

Al visitar los parques
Respetad la naturaleza y la paz de estos parajes. Ir en vehículo sólo por las calzadas, y a pie por los senderos. Está prohibido hacer fuego, la acampada libre, la caza y la pesca. No dejéis basuras. Seguid las indicaciones de los guardas.

Situados en la hermosa costa occidental de Cantabria, los estuarios del Parque Natural de Oyambre son el hábitat de una fauna acuática específica formada principalmente por moluscos y otros invertebrados.

(Páginas anteriores) En el valle del Saja dominan amplias extensiones de bosque caducifolio de roble, haya y, en las zonas más elevadas, abedules entre pendientes poco acusadas.

La vertiente del Besaya es la zona menos accidentada, y aparece atravesada por varios ríos y arroyos de caudal poco importante. Como es la tónica de todo el parque, los montes son más altos cuanto más al sur están. Por su parte, la zona de las cuencas de los afluentes del Saja medio es similar a la anterior, y tiene entre sus picos más importantes los montes de Viaña y Ucieda. Más al suroeste empiezan a aparecer cumbres más elevadas. La cuenca del Argoza es la parte donde los ríos son más caudalosos y forman valles importantes. En el extremo más occidental se encuentra la cuenca de las cabeceras del Saja, zona de gran altitud en la que hay sobre todo muchos hayedos y prados.

Gracias a la particular situación del parque, en un entorno que lo hace muy inaccesible, se conserva todavía aquí una importante población de jabalíes, lobos y nutrias, mientras que el oso apenas tiene presencia.

Parque Natural de Oyambre

Nos desplazamos ahora al litoral cántabro para visitar el Parque Natural de Oyambre, el tercero en extensión de la Comunidad, con 5.758 ha. Fue creado en el año 1988 y está gestionado por la Consejería de Medio Ambiente y Ordenación del Territorio. Los municipios a los que pertenece el parque son algunos de los más conocidos del litoral, como Comillas, San Vicente de la Barquera, Udías, Valdáliga y Val de San Vicente. Así, los principales atractivos de este espacio natural, y que motivaron que numerosas asociaciones conservacionistas defendieran a capa y espada en la década de 1980 la necesidad de declarar la zona Parque Natural, son la ría de San Vicente y la ría de La Rabia, los espectaculares acantilados y los sistemas de dunas, uno de los paisajes más fascinantes que nos regala la costa cántabra.

Aunque la zona más importante sea la del litoral, no hay que desmerecer el valor natural de los prados del prelitoral así como las zonas más interiores, en las que hay nutridas masas de bosque mixto caducifolio y el destacado monte Corona.

El parque debe su nombre al cabo de Oyambre, que además actúa como frontera entre la parte occidental y la oriental del mismo. La playa de Oyambre está en la parte oriental del cabo, y en ella se abre la ría de La Rabia, que como todas las rías del parque es hábitat de un gran número de aves acuáticas, como el ánade silbón, la garceta común, el zarapito real, etc. Al oeste del cabo de Oyambre está la ría de San Vicente de la Barquera, que alberga en sus aguas una variadísima fauna marina, entre cuyas especies destacan las almejas finas *(Ruditapes decussatus)*, uno de los productos más recolectados por los marisqueros en esta parte de la costa. Asimismo, en esta zona occidental del parque se abre la playa de Merón, en la que hay una importante concentración de sistemas de dunas.

Parque Natural de Oyambre

Descripción
Litoral, dunas y praderas entre las rías de San Vicente y de La Rabia. Declarado Parque Natural en 1988.

Superficie
5.758 ha.

Localización
En la costa occidental, comprende el cabo de Oyambre, entre de Comillas y San Vicente de la Barquera, y también los municipios de Udías, Valdáliga y Val de San Vicente.

Accesos
Por la nacional N-634, tanto desde Comillas como de San Vicente de la Barquera.

Clima
Marítimo de temperaturas suaves, muy húmedo y lluvioso.

Flora y fauna
Pinos, robles. Ánades, garcetas, almejas, etc.

Actividades
Turismo rural, senderismo, pesca, observaciones ornitológicas.

Centros de atención a los visitantes
Oficina de Turismo – Santander
Tel. 942 310 708

Para comer
El Cantábrico
Puerto Pesquero – Comillas
Tel. 942 720 700
Casa del Mar
c./ Padre Antonio s/n. – San Vicente de la Barquera
Tel. 942 711 520

Para pernoctar
Hotel Casal del Castro
San Jerónimo, s/n. Comillas
Tel. 942 720 036
Hotel Luzón
Avda. Miramar, s/n. San Vicente de la Barquera
Tel. 942 710 050

Al visitar los parques
Respetad la naturaleza y la paz de estos parajes. Ir en vehículo sólo por las calzadas, y a pie por los senderos. Está prohibido hacer fuego, la acampada libre, la caza y la pesca. No dejéis basuras. Seguid las indicaciones de los guardas.

Parque Natural del Macizo de Peña Cabarga

Descripción
Montaña del litoral de la bahía de Santander, dominada por el pico Llén y el paisaje cárstico de Cabárceno. Declarado Parque Natural en 1989.

Superficie
2.588 *ha.*

Localización
Al sur de la bahía de Santander y al oeste de Solares. Comprende los municipios de Liérganes, Medio Cudeyo, Penagos y Villaescusa.

Accesos
Por la nacional N-623 desde Santander y por la N-635 desde Solares.

Clima
Marítimo, con temperaturas suaves y lluvioso.

Flora y fauna
Robles, encinas, eucaliptos, pastizales. Alimoches, halcones, cuervos, garzas, pollas de agua.

Actividades
Pesca, senderismo, agroturismo, observación ornitológica.

Centros de atención a los visitantes
Consejería de Medio Ambiente y Ordenación del Territorio
Antonio López, 6 – 39009 Santander
Tel. 942 207 015

Para comer
La Posada del Sauce
José Antonio, 25 – Liérganes
Tel. 942 528 023
El Cantábrico
Liérganes - Tel. 942 528 048

Para pernoctar
La Posada del Sauce
José Antonio, 25 – Liérganes
Tel. 942 528 023
Hostal Residencia Casa Enrique
De la Estación, 31 – Solares
Tel. 942 520 073

Al visitar los parques
Respetad la naturaleza y la paz de estos parajes. Ir en vehículo sólo por las calzadas, y a pie por los senderos. Está prohibido hacer fuego, la acampada libre, la caza y la pesca. No dejéis basuras. Seguid las indicaciones de los guardas.

Parque Natural del Macizo de Peña Cabarga

Este parque, creado en el año 1989, abarca una extensión de 2.588 ha, y se extiende al sur de la bahía de Santander. Comprende los municipios de Liérganes, Medio Cudeyo, Penagos y Villaescusa. Quizá sea uno de los parques naturales más castigados, ya que una de sus principales riquezas, los yacimientos de nódulos de óxidos e hidróxidos de hierro existentes entre las arcillas de superficie, ha sido explotada por el hombre durante mucho tiempo, dañando el ecosistema.

El parque está formado por una sierra litoral, que alcanza una altitud máxima de 560 m en el pico Llén, y por

un tramo de la costa. Merece la pena subir al monumento al indiano erigido en la Peña Cabarga, ya que desde ese privilegiado mirador se tiene una magnífica vista del parque y de buena parte del litoral cántabro.

El valor mineralógico de estos parajes es su principal virtud, pero también su mayor condena, ya que desde los tiempos de los romanos la explotación minera ha sido una constante, aunque ya a día de hoy la minas están cerradas. Y es que en la lejana Edad del Bronce había toda una cultura de la minería, con sus mineros y metalúrgicos especializados. Al paso de los miles de años ha sobrevivido, por ejemplo, un hacha encontrada en las cuevas de la sierra de Cabarga, que se puede contemplar en el

El Parque Natural del Macizo de Peña Cabarga, en plena sierra de la Gándara, descuella por su diversidad geológica con farallones calizos, dolinas y lapiaces, destacando entre estos últimos el lapiaz cubierto de Cabárceno.

Museo Regional de Prehistoria y Arqueología de Santander. Aunque serían los romanos quienes empezarían a aprovechar al máximo las riquezas minerales del suelo de estas latitudes. La tradición minera conocería su máxima expresión durante el siglo XIX y las primeras décadas del XX, cuando empresas inglesas explotaban las minas para exportar minerales a su país.

La vegetación del parque está integrada, fundamentalmente, por prados y plantaciones de eucalipto, aunque la riqueza vegetal sería mayor si no fuera por la explotación que ha realizado el hombre. En cuanto a la fauna, ocurre lo mismo, ya que las poblaciones de alimoches, halcones peregrinos y garzas reales, las aves más representativas del parque, disminuyeron considerablemente durante el pasado siglo.

Reserva Natural de las Marismas de Santoña, Victoria y Joyel

Las marismas, antaño despreciadas por considerarse que no tenían demasiado valor biológico, son hoy uno de los tesoros del patrimonio natural cántabro. En esta reserva están las marismas más importantes, que no las únicas, de la Comunidad. Este espacio natural está gestionado por el Ministerio de Medio Ambiente y fue creado en el año 1992.

La reserva natural abarca una extensión de 3.866 ha. Ha sido declarada Zona de Especial Protección para las Aves y está incluida en la Lista de Humedales de Importancia Internacional del Convenio de Ramsar.

En la marisma de Santoña se abre el estuario del Asón, en el que hay una vegetación típicamente marismeña, integrada sobre todo por comunidades halófilas (soportan la presencia de sales). Como ocurre en las zonas marismeñas, la vegetación varía en gran medida por las mareas y la salinidad del agua. Algunas de las formaciones vegetales de estas marismas son las praderas de Zostera marina, el espartinal de Spartina marítima, así como las salicornias, que aparecen bordeadas ya en el límite con la tierra por cañaverales, juncos y carrizos. Asimismo, en todas las marismas existe una riquísima fauna marina, habiéndose catalogado más de 200 especies de peces y crustáceos, además de 33 especies de mamíferos. Pero, sin duda, las soberanas de esta reserva natural son las aves, pues las marismas son lugares fundamentales para multitud de aves acuáticas migratorias, y la reserva se ha convertido en la estación de invernada más importante de la costa norte de la península. Hay censadas 16 especies que

Las Marismas de Santoña, terrenos llanos y pantanosos situados a lo largo del litoral, están formadas por sedimentos finos, aportados por el mar y por los ríos y depositados en aguas tranquilas.

Las soberanas de esta reserva natural son las aves, pues las marismas son lugares fundamentales para multitud de aves acuáticas migratorias, y la reserva se ha convertido en la estación de invernada más importante de la costa norte de la península.

Reserva Nacional de las Marismas de Santoña, Victoria y Joyel

Descripción
Zona de marismas en el estuario del Asón, uno de los humedales más importantes de Cantabria. Declarada Reserva Nacional en 1992. Zona de Especial Protección para las Aves (1994). Incluida en la lista de Humedales de Importancia Internacional del convenio Ramsar.

Superficie
3.866 ha.

Localización
Municipios de Laredo, Santoña, Limpias, Noja, Voto, Argoños, Arnuero, Bárcena de Cicero, Colindres y Escalante.

Accesos
Por la autopista A-8 y por la nacional N-634.

Clima
Marítimo, templado y húmedo.

Flora y fauna
Espartinas, salicornias, juncos, carrizos, cañaverales y formaciones arbustivas. Ánades, cercetas, correlimos, espátulas y gran cantidad de peces y crustáceos.

Actividades
Excursionismo y observación ornitológica.

Centros de atención a los visitantes
Delegación del Ministerio Nacional de Medio Ambiente
Burgos, 11, 8º 4ª - 39071 Santander
Tel. 942 233 503
e-mail: santona@mma.es

Para comer
Hostería de Arnuero
Bº Palacio, 17 – Arnuero
Tel. 942 677 121
Restaurante Brisa
El Pasaje, s/n – Santoña
Tel. 942 661 293

Para pernoctar
Hotel Juan de la Cosa
Playa Berria - Santoña
Tel. 942 661 238
Hotel Viadero
Avda. de Santander, 10 - Noja
Tel. 942 630 278

Al visitar los parques
Respetad la naturaleza y la paz de estos parajes. Ir en vehículo sólo por las calzadas, y a pie por los senderos. Está prohibido hacer fuego, la acampada libre, la caza y la pesca. No dejéis basuras. Seguid las indicaciones de los guardas.

tienen como hábitat frecuente estas marismas, y más de 10 especies de aves migratorias que pasan por ellas durante el invierno. Entre estas últimas las más importantes son el ánade silbón, el correlimos común y el zarapito real.

Parque Natural de los Collados del Asón

El Parque Natural de los Collados del Asón tiene 4.740 ha y es el más joven de la red de parques naturales de la Comunidad, pues fue creado el año 1999 mediante una ley aprobada por el Gobierno de Cantabria, que es a su vez la institución gestora del parque. Es, con el permiso del parque de los Picos de Europa, el parque principal de la cordillera Cantábrica, ya que está situado casi en el centro de la misma, y su típico paisaje es producto del glaciarismo cuaternario y del modelado cárstico, que ha dejado enormes rocas calizas y simas, lapiaces y conductos subterráneos, en los que no es aconsejable

El Parque Natural de los Collados del Asón conserva virgen su naturaleza, presentando una amplia variedad paisajística. El agua es omnipresente en forma de arroyos, torrentes y ríos que se abren paso entre bosques de robles, hayas y encinas.

que el espeleólogo primerizo se aventure, ya que algunos de estos conductos son auténticos laberintos de varios kilómetros de longitud. Asimismo, en el parque nace el río que le da nombre, el Asón, uno de los grandes ríos de la Comunidad. El nacimiento del Asón, que va a desembocar a las marismas de Santoña, depara uno de los parajes más hermosos que nos brinda la naturaleza en todo el parque, ya que salva un desnivel formando una magnífica cascada.

La fauna del parque es una buena representación de las especies animales de la cordillera Cantábrica. Sin duda, uno de los animales más típicos es el murciélago, cuya población encuentra en las numerosas cuevas que perforan la zona un magnífico lugar en el que vivir. Por aquí se puede ver el murciélago de cueva, el murciélago grande de herradura y el murciélago de Geoffroy, además del alimoche, la tarabilla y el fantástico buitre. Por su parte, la vegetación está dominada por las hayas, los abedules y los rebollos, formaciones típicas del bosque atlántico, aunque también hay interesantes colonias de encinares.

Parque Natural de los Collados del Asón

Descripción
Macizo caracterizado por las formaciones cársticas y el glaciarismo, con el valle del río Asón. Declarado Parque Natural en 1999.

Superficie
4.740 ha.

Localización
En la cordillera Cantábrica. Comprende el término municipal de Soba.

Accesos
La N-629 hasta Ramales de la Victoria, o la CA-261 o CA-266 hasta Arredondo.

Clima
Continental de montaña, lluvioso, con nieve y nieblas frecuentes.

Flora y fauna
Hayas, majuelos, abedules, rebollos, encinas. Corzos, jabalíes, zorros, lobos, murciélagos, buitres, alimoches, águilas.

Actividades
Excursionismo, senderismo, escalada, espeleología, parapente, caza, pesca, piragüismo.

Centros de atención a los visitantes

Consejería de Medio Ambiente y Ordenación del Territorio
Antonio López, 6 – 39009 Santander
Tel. 942 207 015

Para comer

El Puente
La Gándara - Tel. 942 677 225
Restaurante Casanova
Arturo López, 4 – Arredondo
Tel. 942 678 084

Para pernoctar

Posada Casanova
Arturo López, 4 – Arredondo
Tel. 942 678 084
Posada El Mirador
La Gándara
Tel. 942 6877 258

Al visitar los parques
Respetad la naturaleza y la paz de estos parajes. Ir en vehículo sólo por las calzadas, y a pie por los senderos. Está prohibido hacer fuego, la acampada libre, la caza y la pesca. No dejéis basuras. Seguid las indicaciones de los guardas.

(Página siguiente) Parque Natural de Oyambre, junto a San Vicente de la Barquera. Este espacio protegido es uno de los más bellos tramos de la costa cántabra, con hermosas playas, dunas, marismas y praderías.

(Derecha) Picos de Europa. Teleférico de Funte Dé. En apenas cinco minutos de ascensión vertiginosa y después de superear un desnivel de 756 m, el teleférico le permitirá disfrutar de una vista de gran belleza con el Macizo Central de los Picos de Europa a sus pies, desde una altura de 1874 m.

Rutas de viaje

El paraíso del mar y la montaña

Playas, calas, acantilados. Pueblos de pescadores y pastos junto al mar. Un paseo por la historia desde los orígenes. Valles y abruptos macizos montañosos. Un paraíso en el que no hay que elegir ni renunciar, porque toda esta diversidad está a nuestro alcance. Sólo hay que emprender el camino.

Son innumerables los parajes naturales y los tesoros artísticos que podemos admirar en estas tierras. El primer regalo que nos brinda Cantabria es la marina, donde el Cantábrico vela para que los cántabros no tengan ni inviernos demasiado duros ni veranos excesivamente calurosos. Y la sorpresa que luego nos depara es la cordillera Cantábrica, con un clima de temperaturas más extremas, que si se agradecen en verano, cuando hay que aliviar el calor de la canícula, en invierno con las cumbres cubiertas de nieve se muestran con toda su altiva belleza. Porque lo que enseguida nos enamora de la región es la belleza de sus paisajes. El dilema que se plantea cuando se inician unas vacaciones o se prepara un viaje, ¿mar o montaña?, no tiene sentido en Cantabria. Aquí podemos disfrutar del mar, ver pueblos pintorescos y visitar las villas cargadas de historia, y al otro día enfilar los senderos de la montaña.

De Suances a San Vicente, el encanto de la costa occidental

Abrupto a veces, otras acogedor, en el litoral cántabro conviven acantilados en los que el mar golpea con fuerza y amplias playas que brindan un remanso de paz. Esta ruta se inicia en Suances y finaliza en San Vicente de la Barquera, después de haber visitado Santillana del Mar, Altamira y Comillas. Paisajes, playas, historia...

Suances y sus playas

Suances es una de las ciudades más turísticas de Cantabria, gracias a los cautivadores parajes de su entorno natural y a su oferta de ocio. Si se llega desde Santander, vale la pena detenerse en la **ría de Mogro**, a la que se accede por la N-611. Esta ría, en la desembocadura del río Pas, está resguardada a levante por el **Parque Natural de las Dunas de Liencres**, uno de los sistemas de dunas más importantes de la cornisa cantábrica, que se ha descrito en el capítulo dedicado a los parques naturales. En ella podemos disfrutar de una playa de aguas tranquilas y poco profundas.

En el pueblo de **Mogro** puede verse una de las iglesias románicas más interesantes de la zona. Una bella construcción del siglo XV que tiene al lado

Enclavado en lo alto de los acantilados de la Punta del Dichoso, a la entrada de la ría de San Martín de la Arena, el faro de Suances constituye un excelente mirador.

Suances conserva un interesante casco histórico, en el que no faltan bares y restaurantes para disfrutar de la mejor gastronomía de la Cantabria marítima.

(Páginas anteriores) Las olas del Cantábrico azotan con fuerza los acantilados de Suances. La villa disfruta de un entorno privilegiado, con playas de fina arena en el núcleo urbano y pequeñas calas rocosas en los alrededores. En detalle, dos instantáneas pesqueras en Suances: arriba, jóvenes aficionados, y abajo, los profesionales del sector en su embarcación.

una torre del siglo XVI. Más adelante, por la N-611 y la CA-232 se llega a Suances, en la margen izquierda de San Martín de la Arena.

En **Suances** podemos disfrutar de una amplia variedad de playas, soberbias todas ellas. Allí se encuentran desde pequeñas calas rocosas hasta arenales más amplios dentro mismo del núcleo urbano. Si nos gusta disfrutar de la arena más fina, nuestro lugar es **El Sable**. En cambio, si no queremos salir de la población, podemos ir a **La Concha**, una playa de 1 km de longitud que dispone de un agradable paseo marítimo. Tampoco puede faltar una visita a la **playa de Los Locos**, enclavada a los pies de un acantilado, que suele estar azotada por vientos y fuertes oleajes, por lo que es el paraíso de los surfistas. Para acceder a ella hay dos opciones: un camino de fácil acceso, o el sendero que está a los pies de El Castillo (edificio de 1904, hoy convertido en hotel), y que requiere cierta destreza. La amplitud de las playas de Suances permite que se desarrollen muchas actividades deportivas, y uno de los deportes que gozan de una mejor acogida, además del surf, es el voley-playa, que cuenta en esta localidad con un prestigioso torneo internacional.

Por si fuera poco, este entorno marino privilegiado, Suances, conserva un interesante **casco histórico**, en el que no faltan bares y restaurantes para disfrutar de la mejor gastronomía de la Cantabria marítima. Desde la **plaza del Ayuntamiento** podemos ir recorriendo los puntos de mayor interés de la ciudad. No se puede pasar por alto la **casa de los Polanco**, construcción blasonada del siglo XVII. No muy lejos se encuentra la **iglesia de Nuestra Señora de las Lindes**, un bello templo del siglo XVII, levantado sobre la antigua iglesia medieval, de la que no queda ningún vestigio. Puede resultar interesante una visita al **faro** que se encuentra en la Punta del Dichoso –un mirador privilegiado para contemplar las playas de Suances–, junto a los restos de las construcciones defensivas de **El Torco**. Tampoco hay que olvidar el barrio de **La Cuba**, que todavía conserva buena parte del típico aire marinero que ha mantenido desde hace siglos.

Casetas, baños calientes y fondas

Suances se ha identificado con el Portus Blendium *romano, uno de los más activos puertos cántabros, citado por Plinio el Viejo en su* Historia natural. *Más tarde, en plena Edad Media, el puerto de San Martín de la Arena mantenía un gran tráfago pesquero y comercial. En la actualidad el progreso económico de Suances se basa en el turismo. La aristocracia comenzó a frecuentar esta villa a mediados del XIX. Ya entonces, las playas de Suances tenían un gran predicamento, y en un anuncio de la época se cantaban las excelencias de* «la mejor playa de España…, con casetas, baños calientes, fondas…».

Como no podía ser de otra forma, en un pueblo de tan larga tradición marinera, el pescado y el marisco son imprescindibles en la cocina típica de

El Ayuntamiento de Santillana del Mar se levanta en la Plaza Mayor, que también alberga otras interesantes edificaciones señoriales. Desde 1209, cuando se concedió fuero a esta villa, fue el centro del poder civil a lo largo de la Edad Media.

Suances. Sobre todo en verano, las sardinas asadas son una auténtica delicia.

Tagle

Al salir de Suances llegamos a Tagle por una carretera local, un recorrido de una gran belleza porque sigue la costa hasta la **playa de La Tablía**. Si lo que buscamos es tranquilidad y alejarnos de la multitud, es nuestro sitio, aunque hay que advertir que el acceso es complicado y en las horas de pleamar hay que tener especial cuidado. En todo caso, si no queremos bajar hasta la playa, nada nos impide admirar este maravilloso paraje desde el mirador situado entre **Punta del Dichoso** y **Punta Ballota**, al que se accede por un camino rural.

También merece la pena contemplar las movidas aguas que suelen azotar la **playa de Tagle**, desde la que un sendero nos puede llevar hasta la **playa de Ubiarco**, con la **ermita de Santa Justa** en el acantilado. Una vez en Ubiarco, podemos seguir la ruta por los acantilados e ir hasta **Puerto Calderón**, donde veremos la entrada a una antigua mina. Tampoco está de más darse una vuelta por esta pequeña aldea, ubicada en el corazón de un verde prado que llega hasta el mar. Luego, desde Ubiarco nos dirigimos a Santillana y las cuevas de Altamira.

Visitar Santillana del Mar es viajar de la Edad Media al siglo XVIII, época en la que se edificaron la mayoría de los tesoros arquitectónicos que alberga.

Santillana del Mar

Visitar Santillana del Mar es viajar de la Edad Media al siglo XVIII, época en la que se edificaron la mayoría de los tesoros arquitectónicos que alberga. Por su parte, las cuevas de Altamira, muy cerca de Santillana nos transportan a la prehistoria, un retorno a los orígenes.

Santillana del Mar, declarada Bien de Interés Cultural en 1943, es hoy uno de los mayores centros turísticos de Cantabria, lo que no impide que la población haya sabido mantener el equilibrio entre los servicios que debe ofrecer a los visitantes y la conservación de su patrimonio. Porque la afluencia de turistas a esta localidad de poco más de 4.000 habitantes es realmente impresionante.

Santillana del Mar, tal como la conocemos hoy en día, empezó a construirse en el siglo IX, cuando llegaron las reliquias de Santa Juliana y se inició la construcción de una pequeña ermita. Gracias a las generosas donaciones que el monasterio recibió de los reyes de Castilla, a partir sobre todo del siglo XII, la población fue prosperando. En ese mismo siglo, el monasterio había adquirido la categoría de colegiata. Otro de los factores que contribuyó a la creciente importancia de Santillana del Mar fue el hecho de encontrarse en la ruta del Camino de Santiago por el norte.

La Colegiata de Santa Juliana

Declarada Bien de Interés Cultural en 1989, es una construcción románica cuyas primeras piedras se colocaron en el siglo XII, aunque posteriormente sufriría diversas modificaciones. La fachada está presidida por una **portada** románica con cuatro arquivoltas, sobre las que hay diversas figuras y un Pantocrátor en el centro, y sobre ella la imagen de **Santa Juliana** en una hornacina barroca. A la derecha veremos una **torre cilíndrica** que corresponde a la obra primitiva de la colegiata.

La **iglesia** es de tres naves, en las que se aprecian los añadidos góticos. La nave central está separada de las laterales por **pilares cruciformes** que sustentan arcos de medio punto. Asimismo, se puede ver el campanile y el cimborrio. Uno de los elementos más conocidos del interior

(Izquierda) Las torres de la colegiata de Santillana del Mar se aprecian desde diferentes puntos de esta localidad, que conserva el sabor medieval.

Detalle de uno de los capiteles del claustro de la Colegiata de Santa Juliana en Santillana del Mar. De estilo románico, presentan una decoración de relieves historiados y motivos vegetales y geométricos.

CLAUSTRO ROMANICO S. XI
ENTRADA
TO VISIT

de la Colegiata es el **retablo mayor**, de estilo gótico hispano-flamenco, con escenas del martirio de Santa Juliana y de la vida de Cristo. De estilo gótico-plateresco es el **altar mayor**, en el centro del cual hay un gran **Cristo crucificado**. Al pie del altar vemos unos relieves de los cuatro apóstoles que datan de principios del siglo XIII.

La **pila bautismal**, también de estilo románico, está decorada con un relieve de Daniel y los leones. En la **sacristía** encontraremos una **cruz relicario** del siglo XVI y el **sepulcro de Santa Juliana**, de mediados del siglo XV. El **claustro** es quizá la parte más valiosa del conjunto. Hay unos valiosos **capitele**s con relieves escultóricos que recogen los temas fundamentales de la iconografía románica.

El conjunto histórico-artístico

Hay que perderse por las calles de Santillana, para contemplar uno de los conjuntos monumentales más notables de la península. Al salir de la Colegiata

(PÁGINAS ANTERIORES) COLEGIATA ROMÁNICA DE SANTA JULIANA, EN SANTILLANA DEL MAR. LA HORNACINA DEL FRONTÓN CON LA IMAGEN DE LA SANTA FUE INCORPORADA CON POSTERIORIDAD Y, POSIBLEMENTE, LA TORRE CILÍNDRICA FUE EL CAMPANARIO ORIGINAL. EN DETALLE, A LA IZQUIERDA, EL PANTOCRÁTOR Y LOS APÓSTOLES QUE CORONAN LA PORTADA; A LA DERECHA, EL ÁBSIDE CON GRANDES ARQUIVOLTAS DE MEDIO PUNTO.

Rodeando la Colegiata de Santillana se llega a la Plaza de Las Arenas, a la que se asoman los tradicionales balcones de las casas montañesas, así como algunas mansiones blasonadas y la majestuosa fachada del palacio de los Valverde.

podemos dirigirnos al **palacio de los Velarde**, que está rodeado de un cuidado jardín. También conocido como **palacio de las Arenas**, fue construido en el siglo XVI y mantiene bastante el estilo renacentista de la época, a pesar de las sucesivas modificaciones. La **fachada** es rectangular, con ventanas geminadas.

Desandamos nuestros pasos para volver a la Colegiata, al lado de la cual están las antiguas **caballerizas** de los abades, donde actualmente el Ayuntamiento ha instalado el **Museo Jesús Otero**, dedicado a este escultor local contemporáneo.

Cerca quedan varias **casas señoriales** de gran interés. Una de ellas es la **casa de los Abades**, o **casa de la Archiduquesa de Austria**. Enfrente están las **casas de los Cossío y los Quevedo**, una al lado de la otra, que presentan unas bellas **fachadas** blasonadas.

Tomamos ahora la **calle Cantón** para llegar a la **casa de los Hombrones**, que tiene esculpidos dos grandes **guerreros** que sostienen el blasón (de ellos proviene el nombre de la casa). Al lado está la **casa del primer marqués de Santillana**, de estilo gótico, construida en el siglo XV. Seguimos caminando por la calle Cantón y llegamos a la **casa de los Villa**, cuya fachada ostenta un lema grandilocuente («Un buen morir es honra toda la vida»). Al lado está la **casa de Leonor de la Vega**, gótica de finales del siglo XV y principios del XVI, en la que vale la pena observar los singulares **herrajes de las puertas** y, en la fachada posterior, las incorporaciones renacentistas.

En la parte de la villa que queda más a poniente, cogemos la **calle del Racial** para llegar a la **plaza Ramón Pelayo**, donde está situada la **torre de Don Borja**, de estilo gótico, construida entre los siglos XIV y XV, con el escudo de armas de la poderosa familia de los Barreda. En tiempos medievales tuvo funciones defensivas, pero en la actualidad es sede de la Fundación Santillana. Regresando a la calle Cantón encontramos la **torre del Merino**, construida en el siglo XIV, en estilo gótico, para residencia del Merino Mayor de las Asturias de Santillana, que entre

En las casonas de los Barreda-Bracho de Santillana se ha instalado el Parador Nacional de Turismo Gil Blas. Las nuevas dependencias que han sido añadidas se han edificado en estilo montañés tradicional.

(Derecha) Detalle de las arquerías del claustro de la Colegiata de Santillana. Edificado a finales del siglo xii, está considerado uno de los elementos más destacados de este valioso conjunto arquitectónico.

sus funciones tenía las de recaudar los impuestos en nombre del rey. Las **almenas** nos recuerdan que era una auténtica fortaleza. Más adelante, frente a las **casas de los Barreda-Bracho**, está la vieja **casona de los Bustamante**, del siglo xviii, que aún conserva el escudo de armas.

Por último, cruzando la carretera, llegamos al **Museo Diocesano**, ubicado en el **convento Regina Coeli**. El museo ocupa un edificio de los siglos xii y xiii, de transición entre el románico y el gótico. Uno de los aspectos más interesantes son los **capiteles románicos**, en los que hay esculpidos motivos vegetales, geométricos y animales. Hay además un **relieve** en el que aparecen la leyenda de Santa Juliana y el demonio, así como un Pantocrátor que se encuentra entre los más bellos de los que se conservan en todas las provincias del norte. En el museo hay una importante colección de imaginería medieval, platerías, esmaltes y marfiles, etc. Antes de dejar Santillana para dirigirnos a las cuevas de Altamira, podemos asomarnos a la cercana y bonita **playa de Santa Justa**, de arena fina y dorada.

En Santillana vale la pena degustar algunos de los productos más típicos de la villa, como los sobaos y las quesadas pasiegas.

Buho real del zoológico de Santillana del Mar, uno de los pocos parques zoológicos privados que existen en España. Fundado a finales de la década de 1970, desde entonces su extensión no ha dejado de ampliarse.

La cueva de Altamira

Estuvo realmente acertado quien dijo que la cueva de Altamira es la Capilla Sixtina del arte paleolítico. Sus excepcionales pinturas rupestres permanecieron ocultas durante miles de años, hasta que fueron descubiertas a finales del siglo XIX. Sin embargo, aún habrían de pasar algunos años más antes de que los especialistas reconocieran el valor de estas pinturas.

En el año 1875, Modesto Cubillas, aparcero de don Marcelino Sanz de Sautuola, paseaba por el campo cuando su perro entró en una pequeña cueva. Cubillas informó a Sautuola de la existencia de dicha cueva, y éste, gran aficionado a la arqueología, se acercó a la misma para ver si el destino le tenía reservada alguna sorpresa. Buena decepción debió de llevarse cuando sólo vio algunos signos de color negro, a los que no dio ninguna importancia. Pero, cuatro años más tarde, en 1879, Sautuola regresó a las cuevas, esta vez acompañado de su pequeña hija María. La niña entró en una galería de techo decreciente, que impedía que Sautuola pudiera avanzar más que unos pocos metros, y

El zoo de Santillana del Mar

Es uno de los atractivos de la villa y uno de los pocos zoos privados que existe en España. Se encuentra en la carretera de Puente de San Miguel y ocupa más de 50.000 m². Se abrió en 1977, y desde entonces su extensión se ha multiplicado. Alberga en su interior una importante representación faunística de todo el mundo (más de 450 especies de animales), incluyendo un espectacular acuario. Hay numerosas especies en peligro de extinción, como el tigre de Sumatra y la gacela dorcas. También hay varios parques temáticos y un jardín tropical con fascinantes especies de insectos –mariposas, escorpiones, tarántulas–. En él la temperatura se mantiene entre 26 y 30 °C durante todo el año y la humedad relativa del aire en el 90 %, para garantizar que las condiciones del hábitat sean las más adecuadas para estos animales.

Grulla gallonada. En el zoológico de Santillana pueden admirarse especies en vías de extinción, diversas áreas temáticas y un jardín tropical climatizado artificialmente que alberga especies foráneas.

El conjunto de pinturas rupestres de Altamira está incluido en el Patrimonio Mundial de la Humanidad desde el año 1985. A su incalculable valor histórico se suma la belleza de las pinturas, bisontes, caballos, ciervos, que sorprenden por la habilidad del artista o los artistas.

al salir explicó a su padre que había visto unos animales pintados en las paredes. Sautuola, mitad incrédulo mitad ilusionado, entró en la cueva y se llevó la gran sorpresa de su vida: era la segunda persona, después de su hija, que contemplaba después de miles de años el gran panel policromo. Consciente de que estaba ante un gran descubrimiento histórico, no sabía que le esperaban unos años de sinsabores por la desconfianza de la mayor parte de la comunidad científica, que no creyó en la antigüedad de las pinturas. Su artículo «Breves apuntes sobre algunos objetos prehistóricos de la provincia de Santander» no recibió más que críticas adversas.

La comunidad científica no estaba dispuesta a aceptar un descubrimiento que modificaba sustancialmente las teorías de la época, y Sautuola no pudo ver en vida reconocido el valor de las pinturas rupestres de las cuevas. Hasta que los descubrimientos de otras cuevas con pinturas rupestres, a finales del siglo XIX y principios del XX, sirvieron para demostrar la autenticidad de las pinturas de Altamira, hoy incluidas entre las más importantes del mundo, junto con las de las cercanas cuevas de Tito Bustillo, en Asturias, y las de Lascaux, en Francia.

Un recorrido por la Neocueva

El conjunto de pinturas rupestres de Altamira está incluido en el Patrimonio Mundial de la Humanidad desde el año 1985. A su incalculable valor histórico se suma la belleza de las pinturas, bisontes, caballos, ciervos, que sorprenden por la habilidad del artista o los artistas. Estas pinturas tienen una antigüedad de 15.000 años, y la cueva original donde se hallan no se puede visitar, para no poner en peligro su conservación. Pero igualmente interesante es el recorrido por las reproducciones de la Neocueva. Situada en el Museo Nacional y Centro de Investigación de Altamira, veremos en ella una reproducción del conjunto de las

Bisonte de las cuevas de Altamira. Los autores de estas pinturas, de extraordinario realismo y belleza, aprovecharon los salientes de la roca para enfatizar la sensación de relieve y movimiento. (Imagen de un bisonte © Museo de Altamira & Pedro Saura)

pinturas que guarda la cueva original, realizada gracias a una avanzada tecnología informática. Se han utilizado los mismos procedimientos técnicos y los mismos colorantes naturales que en los originales.

Detalle del gran panel policromo del techo de Altamira. Para asegurar su conservación, estas pinturas han sido reproducidas con absoluta fidelidad en la llamada Neocueva, mediante el uso de las técnicas más sofisticadas combinadas con los procedimientos utilizados por los autores prehistóricos. (Vista general del techo de policromos © Museo de Altamira & Pedro Saura)

Antes de la Neocueva, vale la pena ver la **sala de los tiempos de Altamira**, en la que se reproducen numerosos aspectos de la vida cotidiana de los hombres prehistóricos. Es una exposición permanente de 1.000 m^2 que se dividen en siete ámbitos. En el primero se rinde homenaje a Marcelino Sanz de Sautuola, y hay diversos elementos que recuerdan aspectos relacionados con el descubrimiento de Altamira, así como de otras cuevas cántabras descubiertas durante el siglo XX. En la **sala de arqueología** prehistórica se puede contemplar la reproducción de un **laboratorio de arqueología** y diversos utensilios que tienen que ver con esta disciplina.

Tras el recorrido por estas salas, podemos entrar en la **Neocueva**. La primera sala es el **preámbulo**, donde una proyección audiovisual presenta la historia de Altamira hasta la actualidad. Seguidamente, se entra en el **vestíbulo** de la cueva, en el que se ve a un grupo de cazadores-recolectores en su vida cotidiana. Así, la Neocueva reconstruye la entrada de la gruta tal como era hace miles de años.

Pasamos luego a una sala apasionante, en la que se reproduce una **excavación arqueológica**. La siguiente es la curiosa **sala del taller del pintor**, con los diferentes utensilios que utilizaron los artistas de Altamira. Entre instrumentos y materiales, vemos colorantes de ocre, lapiceros de carbón vegetal, buriles de sílex para grabar los dibujos, etc. Asimismo, una proyección cinematográfica nos hace retroceder 15.000 años y podemos ver cómo se pintaron los famosos bisontes de Altamira.

Tras la sala del pintor entramos en la sala estrella de la Neocueva, la **sala de las Pinturas**, un espacio sobrecogedor, ya que se tiene la impresión de estar realmente en la cueva original. En las paredes queda demostrado que hace miles de años había verdaderos artistas, que sin duda recogían una tradición que aún se remontaba mucho más tiempo atrás. Constatamos también que los pintores tuvieron que alumbrarse con luz artificial para realizar las pinturas de caballos, cabras, ciervos, signos enigmáticos y escenas de caza.

La siguiente sala nos recuerda que cuando la cueva no fue habitada por seres humanos, los osos la utilizaban para hibernar. Por último, en la denominada **sala Cola de caballo** hay más de una cuarentena de manifestaciones rupestres, sobre todo máscaras y signos, lo que ha llevado a muchos estudiosos a la conclusión de que dichas pinturas debían de tener relación con algunos rituales de iniciación.

Novales

Desde Santillana llegamos a Novales por un desvío de la CA-131 en Caborredondo. Una de las principales características

Mea culpa de un escéptico

Marcelino Sanz de Sautuola murió sin conocer la dimensión internacional que adquirió su descubrimiento. Peleó durante años para que la comunidad científica escuchara sus argumentos sin prejuicios, pero siempre le negaron en vida el valor histórico de las pinturas rupestres de Altamira. En muchos momentos, algunos ridiculizaron sus estudios, como fue el caso de Émile Cartailhac, uno de los más prestigiosos científicos de su época, quien atacó con gran dureza a Sautuola. Incluso la Sociedad Antropológica de París envió a uno de sus investigadores más reconocidos, que concluyó que la pinturas eran de demasiada calidad, por lo que a la fuerza debían de ser modernas. Pero los sucesivos descubrimientos de otras cuevas en Cantabria y en el sur de Francia –Pair-non-Pair, La Mouthe, Font de Gaume– confirmaron que en el paleolítico realmente la habilidad artística del hombre estaba mucho más avanzada de lo que se pensaba entonces. De esta forma, Cartailhac no tuvo más remedio que rectificar y reconocer el extraordinario descubrimiento de Sautuola, ya fallecido, en su famoso artículo titulado «Mea culpa de un escéptico». A partir de entonces, las cuevas de Altamira se convirtieron en una referencia mundial del arte rupestre paleolítico.

El Museo de Altamira es un centro para la conservación, la difusión y la investigación. Uno de los puntos de interés son las actividades en torno a las tecnologías prehistóricas. En la imagen, un momento del taller "Nos vamos de caza: lanzamiento de azayaga". (© Museo de Altamira)

de este pueblo es su clima, similar al mediterráneo, que permite que en estas tierras se cultiven limones, un producto raro en el resto de la Comunidad. De los limones de Novales se cuenta que preservaron a los marinos cántabros del escorbuto, que entonces diezmaba las tripulaciones.

En Novales hay algunas casonas que merecen ser destacadas, como la **casa torre de los Isla**, de principios del siglo XVII, de planta cuadrada con paramentos de sillería y tres pisos de altura. Situada en el barrio de la Acebosa, la **casa de los Quijano** conserva la portalada con arco de medio punto con las armas de Quijano, en las que se puede leer: «Esta torre por su mano conquistó el noble Quixano». Seguidamente, sin salir de la Acebosa, podemos ver la **casa de los Cossío y Torre**, una hermosa construcción solariega de dos alturas con hastiales a base de sillería.

Igualmente reseñables son las muestras de arquitectura religiosa, como la **iglesia de Nuestra Señora de la Asunción**, del siglo XVI, de planta basilical con tres naves, torre y ábside poligonal. Alberga un soberbio **retablo barroco** del siglo XVII. En el exterior, la iglesia se encuentra rodeada por imponentes casas señoriales, cada una con su huerto de limoneros. Junto al cementerio hay una pequeña y entrañable **ermita** construida en piedra de sillería y consagrada a San Bartolomé.

Al salir de Novales podemos detenernos en **Cigüenza**, donde se encuentra la **iglesia de San Martín**, una de las edificaciones más espectaculares y menos conocidas de Cantabria, junto a otros magníficos palacios y mansiones, testimonio de la presencia de ricas y nobles familias en el pasado. La iglesia de San Martín fue construida en el siglo XVIII por Antonio de Tagle Bracho. El primer conde de la familia Tagle fue un indiano que ocupó altos cargos en el virreinato de Perú, y las influencias del arte colonial son notorias en las dos torres que flanquean la portada principal.

En Novales se celebra a finales de agosto la fiesta de los Santos Mártires, dos días en los que la música no deja de sonar y el pueblo se llena de visitantes que vienen a disfrutar de una de las últimas grandes fiestas del verano cantábrico.

(Izquierda) Campanario actual de la iglesia de Santa María de la Asunción, en Novales. El templo se construyó en 1574 sobre la antigua iglesia formada por una humilde capilla y un campanario, excavada en la roca natural.

Situada en un enclave privilegiado, entre el mar y los Picos de Europa, la abadía cisterciense de Viaceli, en Cóbreces, aloja, desde principios del siglo XX, a una pequeña comunidad formada por una treintena de monjes benedictinos.

Cóbreces y Ruiloba

El paisaje que se contempla desde **Cóbreces**, está dominado por los prados de siega. En este entorno, no pasan desapercibidos la abadía **de Santa María de Viaceli** y la **iglesia de San Pedro Advíncula**. La abadía cisterciense, de estilo neogótico, fue construida a principios del siglo XX. Es una de las primeras construcciones del país en cemento armado y destaca por su esbeltez y belleza de formas, que reproducen las líneas góticas del estilo del Císter. San Pedro Advíncula es de la misma época que Viaceli y llama la atención por las dos torres de más de 30 m de altura, que se distinguen desde la distancia. La iglesia cuenta con un hermoso jardín y una biblioteca.

Después de Cóbreces podemos dirigirnos a **Ruiloba**, pequeño municipio que se encuentra en un enclave turístico estratégico, no muy apartado de la **playa de Luaña**. Paseando por sus callejuelas encontramos la **iglesia de La Asunción**, del siglo XVII, en la que sobresalen la bella torre y la cúpula. Ruiloba es un pueblo colorido gracias a las casas blanqueadas y con balcones pintados de rojo, verde y azul, característica que comparte con otros pueblos cercanos. Entre las aldeas circundantes hay que destacar **Trasierra**, en un

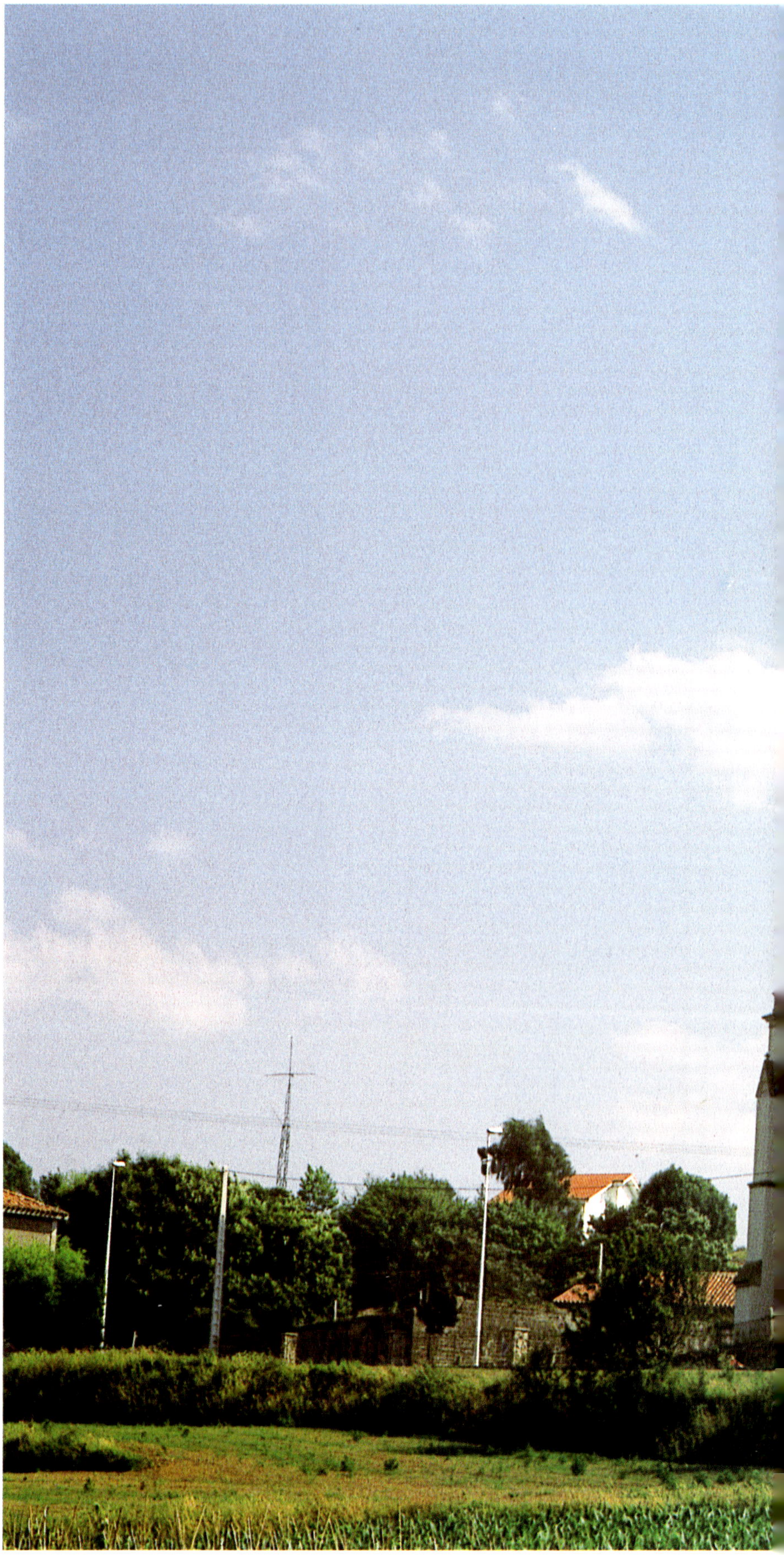

Cuando el viajero se aproxima a la localidad de Cóbreces, queda deslumbrado por un edificio que se alza majestuoso en un ambiente rural: la iglesia de San Pedro Advíncula. Construida a principios del siglo XX, sus dos altas torres llaman poderosamente la atención.

Comillas conserva intacto el recuerdo de su esplendoroso pasado. En efecto, cuenta con algunos de los edificios más relevantes de la arquitectura modernista cantábrica, como el palacio de Sobrellano, la Universidad Pontificia o El Capricho.

pequeño monte que ofrece unas privilegiadas vistas del mar. Por último, sin abandonar el término municipal de Ruiloba, podemos visitar el **convento** de las Carmelitas, cerca de Pando, o la **casona noble de Liandres**, conocida como la Casa de los Reyes.

Los monjes de Viaceli elaboran y venden los típicos quesos de Trapa y otros productos como licores, mermeladas y chocolates. Hay hospedaje en la abadía y, en las proximidades, un espacio para colonias de niños y jóvenes.

Comillas

Nuestra próxima etapa es esta pequeña villa, declarada Conjunto Histórico Artístico, y conocida también como la Villa de los Arzobispos, por haber nacido allí cinco prelados que ocuparon varias diócesis durante la Edad Media. Comillas conserva intacto el recuerdo de su esplendoroso pasado. En efecto, cuenta con algunos de los edificios más relevantes de la **arquitectura modernista** cantábrica, como el palacio de Sobrellano, la Universidad Pontificia o El Capricho. Todo este esplendor se debe a don Antonio López, primer marqués de Comillas, gracias al cual el rey Alfonso XII veraneó en la población, que se convirtió así en uno de los principales centros veraniegos de la aristocracia. Los arquitectos más relevantes del momento dejaron algunas obras en la localidad.

El genial Antoni Gaudí fue uno de esos arquitectos, pues en Comillas dejó **El Capricho**, un edificio que combina los estilos nazarita y neogótico con hermosos motivos florales en sus muros. Construido en 1883, está considerado uno de los edificios más emblemáticos de la primera época de Gaudí, que en la plaza de los Tres Caños construyó también la **fuente** pública. El mismo año que El Capricho se construyó el edificio de lo que sería la **Universidad Pontificia**, una obra de portentosas dimensiones que domina buena parte del pueblo, y que sin duda es una de las estampas típicas de la localidad. No menos imponente es el **palacio de Sobrellano,** cono-

El Palacio de Sobrellano en Comillas es obra del arquitecto catalán Juan Martorell. De estilo neogótico, destaca del conjunto la capilla panteón con bellos mausoleos de mármol.

(Izquierda) El patrimonio monumental de Comillas creció bajo el patronazgo del primer marqués de Comillas, Antonio López, el cual atrajo a los más destacados artistas modernistas catalanes que dotaron a la villa de un conjunto de belleza extraordinaria. En la imagen, accesos al Palacio de Sobrellano.

cido también como palacio del Marqués de Comillas, en el que intervinieron algunos de los artistas más destacados de la época. De todo el conjunto que forma el palacio hay que destacar el panteón de los marqueses.

Situado en un pequeño cerro y con vistas al mar, el **cementerio de San Cristóbal** cuenta con destacables mausoleos modernistas. Destaca en él la escultura de **El Ángel Exterminador**, de Josep Llimona, que sobresale por encima de los muros.

Además de los grandes monumentos de Comillas, las calles empedradas y las plazuelas invitan al visitante a perderse en ellas. En pleno casco urbano está la **plaza del Ayuntamiento**, flanqueada por casonas con amplios miradores. Allí mismo se encuentra la iglesia parroquial de San Cristóbal. No muy lejos, en la **plaza del Corro de Campos**, las cafeterías y restaurantes se convierten en un auténtico hervidero durante la épo-

(Izquierda) El Capricho, monumento histórico-artístico desde 1969, es un bellísimo edificio de Comillas, en el cual destacan el pórtico con sus columnas y la decoración cerámica de los muros.

Una escultura representa a Antoni Gaudí, concentrado y pensativo, en un rincón del jardín que rodea El Capricho. Proyectado por él, fue edificado bajo la dirección de Cascante Colom. Máximo Díaz de Quijano deseaba una casa veraniega cercana al Palacio de Sobrellano, residencia de su concuñado, el primer marqués de Comillas.

San Vicente de la Barquera reúne un entorno natural único, una larga tradición festiva y un merecido prestigio gastronómico. El puerto pesquero está íntimamente ligado a esta población.

ca estival. Igualmente animada y repleta de gente se encuentra en los meses veraniegos la **playa de Comillas**.

Por último, el **Parque Natural de Oyambre**, junto a la ría de La Rabia, encierra uno de los entornos naturales más bellos y mejor conservados de toda la región, y un paraíso para los aficionados a la ornitología (aves migratorias).

En Comillas se celebran numerosas fiestas populares, como la fiesta del Santo Cristo del Amparo y la de Nuestra Señora del Carmen. En la costa abundan los erizos de mar. A los comillenses les gusta comerse las huevas crudas con unas gotas de limón, aunque también se come el erizo gratinado con cebolla.

San Vicente de la Barquera

Dejamos atrás Comillas y llegamos a San Vicente de la Barquera por la CA-132, pasando por Ceceño y La Revilla. Antes podemos detenernos en la **playa de Oyambre**, casi un santuario para los surfistas y en general los amantes de los deportes marítimos. Forma parte del **Parque Natural de Oyambre**, que se

(ARRIBA) LA UNIVERSIDAD PONTIFICIA DE COMILLAS ES UN IMPONENTE EDIFICIO QUE DOMINA LA VILLA DESDE PONIENTE. LA PORTADA DE ACCESO Y LOS DETALLES ORNAMENTALES SON OBRA DE UNO DE LOS MÁS DESTACADOS MODERNISTAS, DOMÈNECH I MONTANER.

DESDE EL FRENTE MARÍTIMO DE SAN VICENTE DE LA BARQUERA PODEMOS DISFRUTAR DE HERMOSAS VISTAS DE LA MARISMA, LA PLAYA DEL TOSTADERO Y LA BARRA, EN EL INTERIOR DE LA BAHÍA.

SIEMPRE "SANTA MARIA"
SAN VICENTE DE LA BARQUERA

(Páginas anteriores) El puerto pesquero de San Vicente de la Barquera, eje del desarrollo de la villa, continua siendo uno de los más importantes de la región. Las rías de Rubin y Pombo rodean casi por completo las colinas en las que se asienta la Puebla Vieja.

La majestuosa iglesia de Santa María de los Ángeles presenta en su interior tres naves de elevadas bóvedas ojivales. Las grandes dimensiones del templo son una muestra del desarrollo económico, que la ciudad de San Vicente de la Barquera alcanzó entre los siglos XIII y XVI.

El acceso a San Vicente de la Barquera, llegando desde Comillas, se efectúa a través del puente de la Maza, que con sus 32 arcos permite salvar la bahía. La población se halla en el mismo corazón del Parque Natural de Oyambre, de gran valor ecológico.

(Páginas siguientes) La luz crepuscular crea unos cálidos tonos rojizos en la bahía de San Vicente de la Barquera.

extiende entre la ría de San Vicente de la Barquera y la ría de La Rabia, y que constituye uno de los más bellos parajes naturales de la costa cantábrica.

San Vicente de la Barquera reúne un entorno natural único, una larga tradición festiva y un merecido prestigio gastronómico. El puerto pesquero está íntimamente ligado a esta población, hoy volcada en el turismo y los servicios. Si Comillas tuvo su momento de esplendor a finales del siglo XIX, San Vicente de la Barquera vivió su época dorada durante la Edad Media, cuando le fue concedido el fuero por Alfonso VIII. Fue también un importante paso de la ruta de la costa del Camino de Santiago.

Llegando de Comillas se entra por el **puente de la Maza**, de 32 arcos, construido en el siglo XV. La **iglesia de Santa María de los Ángeles**, cuya construcción se prolongó durante varios siglos, desde el XIII hasta el XVI, es a pesar de ello un conjunto armonioso y constituye uno de los principales ejemplos del gótico montañés. Llama la atención la gran torre-campanario, del siglo XIX, y son interesantes las dos puertas románicas. En su interior se encuentra el sepulcro del Inquisidor

Galdós y San Vicente de la Barquera

Benito Pérez Galdós pasó largas temporadas en Santander, e hizo que en muchas de sus obras Cantabria tuviera su parte de protagonismo, como en la novela Marianela, *que situó en la villa de Cartes. Por otra parte, tras recorrer la Comunidad escribió uno de los mejores libros de viajes que ha dado nunca la literatura española, titulado* Cuarenta leguas por Cantabria, *publicado por vez primera en 1876. Una de las poblaciones que siempre ejerció una mayor fascinación en el escritor canario fue San Vicente de la Barquera, que le inspiró estas líneas: «En las charcas de la marisma que rodean San Vicente de la Barquera puede uno imaginar el delirio de la geografía. Todas las combinaciones posibles de rayos de agua, discurriendo sin orden ni tino por entre juncos; todas las formas geométricas de islas y penínsulas que serían posibles si estuviese en proyecto una nueva creación del mundo... y en último término las descomunales crestas de Andara, último esfuerzo de la tierra para llegar al cielo».*

LANGOSTA

Antonio del Corro, una de las más bellas esculturas del país.

Si Santa María de los Ángeles nos transmite el espíritu esplendoroso del gótico, la **Puebla Vieja**, un conjunto de calles y construcciones de origen tardomedieval, declarado Conjunto Histórico Artístico, nos traslada al recogimiento de la Edad Media. Es el lugar perfecto para descubrir el pasado de esta villa marinera. Destaca el **palacio de los Corro**, un edificio renacentista que presenta en su fachada decoración plateresca, y que actualmente es la sede del Ayuntamiento.

El **castillo del Rey** fue construido a principios del siglo XIII, gracias a las concesiones de Alfonso VIII, aunque la leyenda asegura que sus orígenes se remontan al siglo VIII. Sea como fuere, se trata de uno de los mejores ejemplos de arquitectura militar de toda Cantabria, junto con la **muralla medieval**, de la que se conserva una parte.

Si nos acercamos al puerto, además del **faro** encontraremos el **santuario de**

(Izquierda) El Santuario de la Barquera, un privilegiado mirador sobre la bahía de San Vicente, guarda en su interior la imagen de la Virgen patrona. Vistas de los alrededores.

(Abajo) Santa María de los Ángeles es un conjunto armonioso y sólido del gótico montañés, en el que destaca su portada románica. Desde la explanada de acceso hay una buena panorámica de San Vicente.

la Barquera, situado en el lugar en el que, según la tradición, se apareció la Virgen de la Barquera, patrona de la villa. Se cuenta que la Virgen llegó en una pequeña embarcación y durante siglos señaló la dirección del viento a los marineros.

En San Vicente se celebra la fiesta de La Folía, declarada de Interés Turístico Nacional, y el Certamen Nacional de la Canción Marinera. El plato por excelencia de San Vicente de la Barquera es el sorropotum o marmita barquereña. Se trata del potaje típico de los pescadores, un guiso preparado a base de bonito y patata. La tradición repostera cuenta con la pejina como postre estrella.

Val de San Vicente

Val de San Vicente es el municipio limítrofe con Asturias y las famosas rías de Tina Mayor y Tina Menor, en las que desembocan el Deva y el Nansa, dos de los ríos más importantes de Cantabria. Merece la pena ver las marismas, cuyo valor natural es incalculable. Hay asimismo numerosas playas, como las de El Pedrero, Las Arenas, Aramal, Berellín, Barnejo o El Sable, algo más tranquilas que las de otras poblaciones de la costa. Además de los acantilados y los verdes prados que llegan prácticamente hasta el mar.

Uno de los ríos emblemáticos de Cantabria, el Deva, desemboca formando la ría Tina Mayor. Este paraje es uno de los tesoros naturales que caracterizan el hermoso entorno de Val de San Vicente.

(Izquierda y arriba) La ría Tina Menor en la desembocadura del río Nansa. Como otras rías, su paisaje actual es el resultado de miles de años de la actividad de las mareas y el proceso erosivo del río.

Jesús Cancio o el mar como fuente de inspiración

Jesús Cancio es el poeta del mar por excelencia en Cantabria junto a José del Río, Pick. Toda su obra se inspiró en los paisajes y poblaciones de la costa cantábrica. Cancio nació en Comillas a finales de 1885 y allí pasó toda su juventud. Pronto mostró sus inquietudes artísticas frecuentando los círculos artísticos de Santander y Torrelavega. A lo largo de su vida colaboró en diversas publicaciones provinciales y compuso varios poemarios. Sus versos se hicieron muy populares, hasta el punto de que en 1930 se le tributó un sentido homenaje que contó con la adhesión del propio rey Alfonso XIII. *Durante la guerra civil española fue encarcelado, hasta que a principios de la década de 1940 le llegó el indulto, cuando el poeta estaba casi ciego y sin recursos. Gracias al apoyo de su gran amigo Luis Corona, Cancio pudo sobrevivir, e incluso logró publicar nuevos poemas y la antología* Poemas del Mar, *uno de los mayores sueños del poeta, que murió en agosto de 1961.*

Unquera, la localidad más activa del municipio, es famosa por sus corbatas, no de vestir, pues tal es el nombre de un delicioso postre. También es conocida por el Descenso Internacional del Río Deva, competición de piraguas que se celebra cada año a finales del mes de agosto, coincidiendo con la festividad de los Santos Mártires.

7-BI-3-23

De Laredo a Castro Urdiales, por la Costa Esmeralda

La costa oriental de Cantabria se extiende desde Santander hasta el límite con el País Vasco. Esta ruta parte de Somo, se detiene en Laredo para visitar el casco antiguo y, a través de una sucesión de playas, acantilados y hermosos pueblos pesqueros, nos conduce hasta Castro Urdiales.

Somo

Situado en el lado oriental de la bahía, frente a Santander, **Somo** es una localidad eminentemente turística y su mayor atractivo probablemente sean las larguísimas **playas** que se abarrotan cada verano. El municipio es ideal para la práctica de actividades al aire libre como el golf, la pesca deportiva, los deportes náuticos y, sobre todo, la equitación, permitida en las playas de Somo y en el vecino pueblo de Laredo.

Vale la pena visitar en Somo **el santuario de Nuestra Señora de Latas**. Y si se quiere, se puede cruzar el puente para llegar a la hermosa población de **Pedreña**, desde donde se disfruta de una espectacular vista de Santander. Pedreña es conocida por las pedreñeras o mariscadoras recolectoras de almejas, y por el Real Club de Golf, donde con

CASTRO URDIALES, UNA DE LAS VILLAS MÁS HERMOSAS Y DINÁMICAS DE CANTABRIA, HA SABIDO ARMONIZAR EL DESARROLLO CON LA BELLEZA DE LA CIUDAD ANTIGUA, QUE ALOJA EL MEJOR TEMPLO GÓTICO CÁNTABRO Y UN CASTILLO MEDIEVAL QUE DOMINAN, IMPONENTES, EL PUERTO.

Cuando se habla de Ajo se piensa en unas magníficas playas de fina arena. Se trata de uno de los lugares más turísticos de la Comunidad, ya que además de las playas dispone de todos los servicios para satisfacer las necesidades de cualquier turista.

un poco de suerte nos podremos encontrar con el gran Severiano Ballesteros.

El primer fin de semana de agosto se celebra el famoso derby de Laredo, una carrera de caballos sobre la arena que atrae a miles de curiosos.

Bareyo y Ajo

Cuando se habla de **Ajo** se piensa en unas magníficas playas de fina arena. Se trata de uno de los lugares más turísticos de la Comunidad, ya que además de las playas dispone de todos los servicios para satisfacer las necesidades de cualquier turista. Quienes prefieran acercarse a la costa, ya sea para darse un baño durante los meses de verano, o contemplar la belleza del mar, deben dirigirse a la **playa de Cuberris**, delimitada por el cabo de Ajo y la punta Cárcabo, o a la vecina **playa de Antuerta**, a la que se accede por el flanco oeste de la de Cuberris, está protegida por la punta Cárcabo y la punta Urdiales. Es una playa de hermosos acantilados frente a los cuales esperan los surfistas, ya que la orientación norte de la costa facilita la entrada de olas de cierta importancia. Desde el **cabo de Ajo**, precioso accidente geográfico del litoral cántabro, se puede divisar la bahía de Santander, al oeste, y la **ría de Ajo**, al este, que tiene una superficie de 110 km^2 y es reserva natural por la importancia de sus **marismas**.

Pero Ajo es más que sus playas, pues alberga diversas casonas barrocas que otorgan al pueblo cierto aire señorial. Vale la pena acercarse al **barrio de Lurcía** para ver de cerca la **casona de Carre**, del siglo XVII, una imponente torre de tres cuerpos. En pleno centro del pueblo encontraremos la **casona de Villanueva**, situada frente al **Ayuntamiento**, considerada la más antigua de la localidad. También es de interés la **torre gótica** del linaje de Barrio de Ajo, de cuya fachada aún cuelga un escudo de armas del linaje de los Castillo. En cuanto al patrimonio religioso, destacan la **iglesia de San Martín de Tours** y el **convento de San Ildefonso**. La iglesia es una de las grandes construc-

Severiano Ballesteros, un pedreñero ilustre

Cuando preguntaban a Severiano Ballesteros, el celebérrimo golfista, por el secreto de su habilidad para imaginar golpes inverosímiles y sorprender a todos llevándolos a cabo con éxito, solía evocar las tardes que pasaba tratando de embocar la pelota en un hoyo que había escarbado en la playa de Pedreña. Seve, que nunca ha escondido que proviene de una familia humilde, dio sus primeros pasos en este difícil deporte trabajando de caddie en el Real Club de Golf de Pedreña. Explica que muchas mañanas se levantaba antes que nadie para colarse en el campo y practicar su juego, aun a riesgo de ser despedido de su trabajo. Cuando esto no era posible, cogía el palo y la pelota y se iba a la playa a jugar. ¡Quién iba a decirle a Pedreña que muy pocos años más tarde aquel niño que pulía su swing en la arena se convertiría en uno de los jugadores más espectaculares y admirados que ha dado la historia del golf!

ciones de la comarca de Trasmiera, y en ella trabajaron algunos de los canteros más importantes de su tiempo. Las bellas trazas gótico-renacentistas se observan en la cubierta, donde destacan las trabajadas nervaduras góticas y los robustos pilares que la sustentan. Su mayor tesoro es el **retablo mayor** policromado, de 1626.

En **Bareyo** hemos de visitar la bonita **iglesia de Santa María**, principal punto de interés arquitectónico de esta pintoresca población costera, a la que cada verano acuden numerosos visitantes atraídos por el suave paisaje que conforman las hermosas praderas y colinas que la rodean y sobre todo por la tranquilidad de su ría, acaso la más bella de la costa oriental. La iglesia de Santa María, declarada Bien de Interés Cultural en 1978, es una de las mejores muestras del románico en Cantabria. Datada entre finales del siglo XII y principios del XIII, hay que destacar el **ábside** y los **muros**. El ábside está estructurado en tres cuerpos verticales que se dividen en columnas, cuyos capiteles están decorados con formas zoomorfas, motivos vegetales y figuras humanas. El **baptisterio** alberga una pila bautismal sobre dos leones, algo

Detalle del ábside exterior de la iglesia de Santa María de Bareyo. Sus columnas adosadas están rematadas en capiteles, que se adornan con interesantes representaciones de figura humana.

desgastados por el paso del tiempo. Por último, vale la pena acercarse a contemplar **la Virgen con el Niño**, una imagen del siglo XV que transmite la serenidad que se respira en este templo. Junto a la iglesia se puede ver una encina de más de cien años de antigüedad.

El valle de Güemes

Desde Ajo o desde Bareyo se puede ir a Güemes. Para quien desee perderse unos días en un valle verde, tranquilo, tiene en el valle de Güemes un lugar idóneo para cumplir sus deseos. Aunque está situado a escasos kilómetros de Ajo, poco tiene que ver con el paisaje de playas y acantilados de esta población. Güemes, una antigua aldea que ya aparece en una escritura del año 1084, fue en tiempos pasados uno de los lugares de paso del Camino de Santiago por el norte y contaba, por ejemplo, con el hospital de San Julián y de Nuestra Señora de

La arquitectura palaciega cántabra del XVII se caracteriza por la sencillez de volúmenes y la sobriedad. La belleza se manifiesta en la solidez de los muros en sillería labrada y la escultura heráldica. El palacio de los condes de Isla es un ejemplo de gran belleza.

la Concepción; por ello, mantiene el alto nivel del patrimonio religioso y civil de sus dos poblaciones vecinas. De su conjunto monumental sobresale la **iglesia de San Vicente Mártir**, construida a finales del siglo XVII. Se trata de una espléndida construcción renacentista de una nave, cubierta con bóvedas de crucería góticas. En su interior alberga una destacable **columna salomónica** salida del Taller de las Siete Villas y un **retablo** del siglo XVII. Güemes, a diferencia de Ajo y Bareyo, tiene otro ritmo de vida, más pausado, acorde con el paisaje que lo rodea.

Si se tiene la suerte de visitar esta zona durante el verano, vale la pena vivir el ambiente de las romerías y las verbenas de Ajo.

Isla

Desde la CA-141, al dejar atrás la ría de Ajo en dirección a Noja, podemos desviarnos hacia la **Isla**, pueblo de gran tradición marisquera, que ha sabido preservar el encanto de sus calles y la riqueza de su patrimonio histórico, a la par que se ha convertido en un importante centro turístico. Como en tantas poblaciones de las comarcas cántabras, el núcleo originario de Isla fue un pequeño monasterio construido durante la Edad Media, alrededor del cual se establecieron las primeras comunidades de agricultores. Los conflictos que surgieron entre las distintas familias nobles de la zona hicieron necesario crear instituciones reguladoras como la Junta de las Siete Villas, de la que Isla entró a formar parte para defender sus intereses.

Una de las construcciones más interesantes del conjunto arquitectónico de Isla es la **torre-palacio** medieval de los condes de Isla, construido entre los siglos XIV y XV, que aún conserva algunos elementos, como sus torres almenadas, que nos recuerdan que fue una importante fortaleza. Este edificio, obra de Juan Fernández de Isla, declarado Bien de Interés Cultural en el año 1991, consta de un cuerpo principal de dos plantas, con una hermosa fachada decorada con los escudos de armas. Las

torres medievales de Cabrahigo y Jado son otro punto de interés de la población. Si se quiere tener una buena panorámica de la villa, vale la pena subir a la colina en la que se encuentra la **iglesia de San Juan y Santa Basilia**, que conserva un interesante retablo mayor policromado. Antes de salir de Isla para dirigirnos a Noja podemos tomar un baño, si es que el tiempo lo permite, en alguna de las playas de la población, como la playa de El Sable, la de Benimar o la de Santoja.

Noja

Siguiendo la costa llegamos a **Noja**, otra de las poblaciones del litoral cantábrico que ha experimentado un importante aumento en el número de visitantes. Quizá su principal atractivo son los 8 km de playas, que reciben cada verano miles de turistas, que convierten el tranquilo y señorial pueblo de Noja, de poco más de 2.000 habitantes, en una populosa población.

La leyenda que explica el origen de Noja cuenta que su fundador fue nada más y nada menos que Túbal, un nieto del bíblico Noé. Aparte de este origen legendario, el histórico se basa en documentos que hacen referencia por primera vez a esta población en el año 927. La iglesia de San Pedro fue el núcleo alrededor del cual se originó. Creció rápidamente en importancia y, en el año 1644, consiguió el título de villa.

El templo de San Julián y Santa Basilisa, en Isla, destaca bajo la iluminación nocturna. Situado sobre un promontorio, es el punto de referencia para el caserío disperso de la población.

Las playas de Noja reciben cada año a miles de veraneantes atraídos por su calidad y por la práctica de los deportes náuticos. En la imagen, la playa de Ris y la isla de San Pedruco, que aloja los restos de una antigua ermita.

(Derecha) Por su altura, la iglesia de San Pedro destaca sobre el resto de los edificios de Noja. Su visita es una buena manera de comenzar el recorrido por la villa, cuyo casco antiguo se estructuró alrededor de este templo.

Empezamos nuestra visita por las playas de la costa de Noja. Las dos más importantes son la **playa de Ris** y la playa de Trengandín, ambas de una arena muy fina. Frente a la playa de Ris aparecen varias islas e islotes, hermosas y fascinantes formaciones rocosas sin apenas vegetación. La isla más grande es la de **San Pedruco**, a la que es posible llegar en la bajamar. En ella habitan cientos de gaviotas, si no miles, y se pueden ver los restos de una pequeña y antiquísima ermita. Cerca está la **isla de la Oliva**, de igual apariencia árida, y más al fondo, los **peñones** de Garfanta, Águila y Moja de Rabo.

Para llegar a la vecina **playa de Trengandín** una magnífica opción es seguir el **paseo de la Costa**, una ruta que nos permite entrar en contacto directo con la naturaleza y admirar los espectaculares acantilados y los bosques litorales. Con sus 3,5 km de longitud, es una de las playas más largas de Cantabria. Cuando la marea se retira aparecen unas rocas negras en la orilla que contrastan con la blanca arena.

Tras la visita a la playa podemos reponer fuerzas en alguno de los bares y restaurantes del casco antiguo. Luego vale la pena que nos acerquemos a la **iglesia de San Pedro**, de planta de crucero con tres naves, que se levanta en la parte más elevada de la villa. Se construyó sobre los restos de un monasterio y está datada en el siglo

Noja es, sobre todo, una villa de espíritu señorial. Sorprende comprobar el gran número de palacetes y casonas que conserva.

DICE LA LEYENDA QUE NOJA FUE FUNDADA POR UNO DE LOS NIETOS DE NOÉ, TUBAL. ESTA ANTIGUA CIUDAD ES HOY UNA VILLA DINÁMICA, CENTRO DE UN TURISMO CRECIENTE, QUE HA SABIDO CONSERVAR SU CARÁCTER SEÑORIAL. EN LA IMAGEN, LA FUENTE CIBERNÉTICA.

XVI. La **torre barroca** que se encuentra en el exterior es el elemento más emblemático, además del **retablo** del altar mayor y las capillas.

Pero Noja es, sobre todo, una villa de espíritu señorial. Sorprende comprobar el gran número de palacetes y casonas que conserva. Edificios emblemáticos son el **palacio de Castañeda-Quintana** y el **palacete de los Velasco**, situado en una encantadora plaza que no queda muy lejos de la iglesia de San Pedro. Hallaremos muy cerca la **Casa de la Cultura**, situada en el que fuera palacio de los marqueses de Albaicín, el cual forma un hermoso conjunto con las **casas de los Garnica** y la **del Carmen**. Ya en las afueras de Noja, se encuentran aún la **casona del Capitán Venero** y la **casona de Assas**, ambas rodeadas de un espléndido jardín en excelente estado de conservación. Por último,

podemos acercarnos hasta el **puente de Helgueras**, que aunque también se denomina puente romano es de factura mucho más reciente. Cerca quedan restos de las antiguas ermitas de Noja.

Y si todavía hay ánimos, merece la pena darse otro paseo a las **marismas de El Joyel y Soano**. Como tampoco podemos dejar de visitar los dos **molinos de marea** que hay cerca de estas marismas, que datan del siglo XI, y que aprovechaban la energía de las mareas para moler el grano de los cereales.

Si aprieta la sed, lo mejor que se puede beber por aquí es la sidra, que no sólo se elabora magistralmente en Asturias. Tal es la vocación sidrera de los habitantes de Escalante (entre Noja y Santoña) que se ha instaurado el Día de la Sidra, que se celebra a finales de julio.

Santoña

Santoña es una población de más de 10.000 habitantes, que se encuentra a unos 50 km de Santander. A sus indudables atractivos turísticos, como la **playa de Berria**, hay que sumar un importante patrimonio arquitectónico. Al pasear por Santoña se tiene a veces la impresión de estar en una isla, ya que esta población, situada bajo el **monte Buciero**, en la desembocadura del río Asón, aparece casi rodeada del todo por el mar. Su entorno natural cuenta con imponentes acantilados y con uno de los enclaves más sugestivos de Canta-

Construido sobre una antigua casona del siglo XVI, del Palacio de los Marqueses de Albaicín destacan la torre, el portalón del jardín y los escudos de armas de la fachada. Propiedad del Ayuntamiento, hoy en día es sede de la Casa de la Cultura de Noja.

(Arriba) Santoña es el primer puerto pesquero y conservero de la zona. Su industria, que floreció al amparo de la pesca, la iniciaron los italianos, maestros de la salazón. Destaca la conservación del bonito y las anchoas en aceite de oliva.

Paseo Marítimo de Santoña, unida a tierra firme por medio de una estrecha barra de arena. Cierra una hermosa bahía que recibe las aguas de las rías y de varios canales.

bria, la **Reserva Natural de las Marismas de Santoña, Victoria y Joyel.**

De los orígenes de Santoña hay noticias desde los lejanos tiempos de los romanos, que tenían aquí un importante puerto. Luego se pierde el rastro hasta el siglo VIII, cuando fue repoblada por Alfonso I. En esos tiempos se construyó un pequeño monasterio que dependía de Nájera, en La Rioja. A partir de entonces, Santoña se convirtió en uno de los núcleos poblacionales más importantes de la costa cántabra. La **iglesia de Santa María del Puerto** fue en su origen parte del monasterio y guarda una valiosa imagen de la Virgen del Puerto.

La arquitectura civil está representada por construcciones tan importantes como el **palacio del Duque**, la **casona** de **Castañeda** y el **arco del Hermanamiento**, entre otras. Si todos ellos nos recuerdan la tradición religiosa y señorial de la villa, no podemos olvidar la importancia militar que tuvo Santoña

Los Carnavales Marineros de Santoña

Los Carnavales Marineros que se celebran todos los febreros en Santoña, declarados Fiesta de Interés Turístico Nacional, constan de diversos actos. El acto inicial se llama el Paseo del reo, y durante el mismo varias personas disfrazadas de peces pasean por las calles de Santoña escoltando a un besugo, que hace las veces de reo, hasta la plaza de San Antonio, situada en el centro de la localidad. Entonces empieza el denominado Juicio en el fondo del mar. Se forma un tribunal presidido por Neptuno, el señor de los mares, que se encarga de juzgar al reo-besugo, que está acusado de haber raptado a una sirena. El besugo se defiende ante un jurado compuesto por cuarenta personas disfrazadas de moluscos y peces, con el argumento de que está enamorado de ella. Incluso hay un copla que ameniza los carnavales: «El juicio tendrá lugar / en el hueco de una roca / adornado con marlotas / esponjas y algas marinas. / Y por orden riguroso / desde el delfín hasta el baboso / declaración prestarán: / sapopeces, calamares, / jibiones, truchas, / palometas, relanzones, / luciatos, jibias y sulas, / meros, rodaballos, julias, / salmonetes, cabrachos, / congrios, ballenas, escachos, / merluzas, bocartes, sardinas, / bonitos, taurones, / tembladeras, tiburones, / ortéanos, chaparrudos, / panchos, lampreas, picudos, / brecas, babosos, tencas, / pintacolas y durdos».

La playa de Berria, un arenal de granos finos y dorados, en el municipio urbano de Santoña. De casi 2 km de extensión y abierta al mar, es ideal para la práctica de deportes náuticos.

hace unos siglos. Y es que si alguna excursión es irrenunciable en esta ciudad, es la que nos lleva a los fuertes que la defendían. Para llegar a ellos hay que coger el **paseo Marítimo** y ascender por unas escaleras hasta el monte Buciero. En primer lugar encontraremos el **fuerte de San Martín**, uno de los que mejor se conservan, desde el que se tiene una espléndida vista del pueblo. Este fuerte se construyó durante el reinado de Felipe II. Unos metros más adelante nos encontramos con el **fuerte de San Carlos**, construido a finales del siglo XVII, tras sufrir Santoña un importante saqueo. Seguimos nuestro recorrido y nos desviamos para llegar al **faro del Caballo**, desde el que podemos contemplar un espectacular acantilado. Luego alcanzamos el **faro del Pescador**, última parada antes de llegar al **fuerte de Napoleón**, del siglo XIX. Santoña es uno de los puertos pesqueros más importantes de España, y como dato curioso puede destacarse que batió el récord mundial de pesca un 5 de abril de 1960, pulverizando la marca que había conseguido el puerto de Agadir, al pescar en una misma jornada un millón y medio de kilos de bocarte.

Después de tanta caminata, y de visitar el monumento a Juan de la Cosa, compañero de fatigas de Cristóbal Colón, sería casi un pecado irse de Santoña sin probar algunos de sus platos más afamados, como el marmite, hecho con atún, y también las anchoas, que aquí se preparan de mil maneras.

Colindres y Ampuero

Desde Santoña vamos al encuentro de Laredo, una población de poco más de 13.000 habitantes, que hace unos siglos tuvo más relevancia que la misma Santander. Durante el trayecto, desviándonos hacia el interior, podemos visitar **Colindres,** que está unida a la población de Adal-Treto por un puente de hierro obra de Gustave Eiffel, el de la famosa torre de París, y luego llegar a **Ampuero,** donde el 8 de septiembre se celebran los encierros más afamados de la Comunidad. Por otro lado, a apenas 4 km de Ampuero encontraremos el **santuario de la Bien Aparecida,** patrona de Cantabria. La importancia religiosa del lugar empieza con la aparición de la Virgen a unos pastores en la ermita de San Marcos en 1605.

También podemos seguir hasta **Udalla** para visitar la **iglesia de Santa Mari-**

(Página anterior, abajo) El término de Santoña se encuentra dividido en dos: el casco urbano asentado sobre una llanura y una zona montañosa en las laderas del Brusco y del Buciero.

Desde el mirador del santuario de La Bien Aparecida se divisa una bella panorámica de Ampuero, uno de los típicos pueblos montañeses que podemos encontrar en estos parajes, y del valle del Asón.

na, declarada Bien de Interés Cultural en 1984. Esta bonita iglesia tiene dos naves paralelas con dos ábsides gemelos, un hecho que no se repite en toda España. Es de estilo románico por el exterior y gótico el interior.

Laredo

Laredo está situada en el extremo oriental de la bahía de Santoña, alrededor del promontorio del Rastrillar. Los primeros habitantes de Laredo se establecieron en torno al convento de San Martín, del que se tiene constancia documental del año 1038. Ya en la Edad Media, tras la repoblación propiciada por Alfonso VIII, se fundó en Laredo la primera cofradía de pescadores de España, y poco después el mismo rey le concedió título de villa. Esto hizo que se integrara en la mancomunidad de las Cuatro Villas de la costa, junto con San Vicente de la Barquera, Santander y Castro Urdiales. Más tarde, al convertirse en la sede del representante del rey en las Cuatro Villas, Laredo empezó a ser objeto de frecuentes visitas reales. Asimismo, protagonizó un importante capítulo de la historia de España, ya que fue en su puerto a donde llegaron en 1588 los barcos de la Armada Invencible tras su derrota frente a las costas de las Islas Británicas.

Capital de la llamada *Costa Esmeralda*, Laredo cuenta con una oferta turística de alta calidad, y sin embargo conserva en algunos rincones cierto aire

El santuario de Nuestra Señora de La Bien Aparecida se levanta en el collado de Somahoz, en el valle del Asón. Su interior guarda una pequeña imagen, de poco más de 20 cm, de la patrona de Cantabria.

Otro lugar muy concurrido es el puerto pesquero, que figura entre los más bellos de España. El casco antiguo de Laredo, de trazado medieval, concentra un buen número de casas señoriales que ostentan aristocráticos blasones en sus fachadas.

de una tranquila población de pescadores. La **playa de Salvé** es el punto de encuentro de quienes gustan de tumbarse al sol y darse algún baño, y por la noche se convierte en el centro de una animadísima zona de ocio nocturno. Otro lugar muy concurrido es el puerto pesquero, que figura entre los más bellos de España.

Iniciamos nuestro recorrido para ver sus monumentos en lo alto de la **Puebla Vieja**, donde encontraremos el edificio más emblemático de la villa, la **iglesia de Santa María de la Asunción**, levantada sobre los restos de un antiguo templo. Se comenzó a construir en el siglo XIII, aunque ha sufrido sucesivas y frecuentes modificaciones. Es un edificio de clara inspiración cisterciense, que presenta tres naves de ábside poligonal. Las **capillas** laterales son del siglo XVI, así como la puerta del muro norte. Posteriores son la **torre** y la **sacristía**, que cuenta con una espléndida cubierta gótica de crucería. En el ábside de la nave de Belén se halla el **retablo de Belén**, considerado uno de los más valiosos de Cantabria. Está formado por

(Páginas anteriores y arriba) Ya en el siglo XV Laredo era un puerto destacado que comerciaba con la Europa atlántica. En 1529, una Cédula Real lo declaró único puerto apto entre Avilés y Bilbao para las expediciones a América.

(Izquierda) Laredo, puerto comercial, pesquero y estratégico-militar, ha sabido mantener a través de los siglos la supremacía que ostentó en la Edad Media.

tres hornacinas, la central con la Virgen dando el pecho al Niño y las laterales con escenas de la Anunciación y la Crucifixión. Este maravilloso retablo procedente de Flandes es de madera policromada. También merecen destacarse el **convento de San Francisco**, del siglo XVII, y la **iglesia de Santa Catalina**, de trazas románicas.

El casco antiguo de Laredo, de trazado medieval, concentra un buen número de **casas señoriales** que ostentan aristocráticos blasones en sus fachadas. Así, podemos ver la **casa de Zaráuz**, en la calle de San Francisco, la **casa de los Puntales**, ya en la plaza de Cachupín, la **casa de los Villotas** y la **casa del Condestable**, entre otras. Cabe mencionar además el edificio del **Ayuntamiento**, construido en 1562 y uno de los más visitados de Laredo. Tiene unos espléndidos **soportales** de ocho arcos, un curioso **reloj de sol** del año 1705 y una **veleta** con motivos que evocan la conquista de Sevilla. Por último, vale la pena acercarse a los restos amurallados que aún se conservan y mantienen alguna puerta.

Laredo cuenta con una gran oferta cultural, que incluye los cursos de verano de la Universidad de Cantabria. Otro gran atractivo es la fiesta conocida como la Batalla de las Flores, declarada de Interés Turístico, que se celebra el último viernes de agosto. Se decoran las carrozas con flores y se organiza un espectacular desfile.

Hazas y El Puente

De camino a Castro Urdiales podemos detenernos en **Hazas**, capital del **valle de Liendo**, encajado en las montañas. El principal atractivo de Hazas es el **monte Candina**, con espléndidos encinares. La **iglesia de la Asunción**, de tres naves con bóvedas de crucería, es de influencia gótica y data del siglo XVI. La pintoresca **playa de San Julián** se abre entre acantilados.

El Puente, la población principal del **valle de Guriezo**, alberga un interesante patrimonio arquitectónico en el que destacan la **iglesia de San Vicente de la Maza** y la **ermita de las Nieves**. En la aldea de **La Magdalena** se puede ver la antigua **ferrería de La Yseca**, frente al **palacio de Marroquín**.

(Arriba) A escasa distancia del casco urbano de Laredo, una de las más dinámicas y bellas villas cántabras, se alza el cerro de La Atalaya, protegiendo el puerto por el este.

(Derecha) Calle Mayor de Laredo. La Puebla Vieja y el Arrabal, el primitivo núcleo de la población que data del siglo XI, forman una encantadora trama de calles.

Castro Urdiales

Sus casi 30.000 habitantes la sitúan entre las poblaciones más habitadas del litoral cántabro, a unos 75 km de Santander (y a sólo 25 km de Bilbao). Castro Urdiales es una hermosa ciudad marinera surgida junto a uno de los puertos más antiguos de la costa cántabra. Aunque el núcleo urbano corresponde a la antigua *Flaviobriga* romana, se tienen noticias de primitivos poblamientos desde el Paleolítico Superior, época de la que se han hallado restos en las **cuevas de El Cuco y La Lastrilla**. Arrasada por los vikingos en el siglo V, Castro Urdiales fue reconstruida posteriormente y conserva en su casco viejo numerosos restos de la época medieval. Inició una época de mayor prosperidad cuando Alfonso VIII le otorgó un fuero por el que recibía una serie de privilegios, sobre todo de carácter marítimo y comercial. Así, en el siglo XIII comenzó la construcción de la **iglesia de Santa María de la Asunción**, el templo gótico más importante de toda la franja septentrional de la península, y que por sus dimensiones y majestuosidad semeja una catedral. En este grandioso templo, que domina el puerto, destacan los **arbotantes** y la **puerta del Perdón**, de estilo gótico de transición. Guarda en su interior verdaderas joyas, como el **retablo del Cristo de la Agonía**, un lienzo que algunos atribuyen a Zurbarán, y custodia en su tesoro numerosos esmaltes florentinos del siglo XVIII.

Sobre el castro que dio origen a la población, en una pequeña península, se levanta actualmente el **castillo**

(Arriba) La Casa Consistorial de Castro Urdiales en la plaza del Ayuntamiento, de la que destacan los típicos soportales de las villas costeras. Es un conjunto monumental armonioso y de sólida belleza.

(Derecha) Castro Urdiales, la *Flaviobriga* romana, es una típica localidad marinera, que conserva en su casco viejo todo el sabor de la época medieval.

de Santa Ana, monumental fortaleza de la orden del Temple, construida en el siglo XIII. Saliendo del castillo podemos dirigirnos a la **ermita de Santa Ana** y luego cruzar el **Puente Viejo**, llamado popularmente puente romano, que se encuentra entre esta ermita y la iglesia de la Asunción. Ya más hacia el centro, está el **Ayuntamiento**, un edificio de tres plantas del siglo XVIII con balcón corrido y arquerías. En la plaza del Ayuntamiento, bajo los **soportales**, hay los típicos bares de tapeo. En la misma plaza encontramos otra de las joyas de la población, la **casa de los Chelines**, una construcción neogótica proyectada por el arquitecto Severino Achícarro y llevada a cabo por su discípulo Rucabado. También de la misma época (primeros años del siglo XX) es otro de los conjuntos más emblemáticos de Castro Urdiales, el **palacio y el castillo de Ocharán**, el primero italianizante, con azulejos vidriados, y el castillo de estilo neogótico.

Celebración muy animada es la fiesta del Coso Blanco, declarada de Interés Turístico Nacional, que tiene lugar el primer viernes de julio en el marco de lo que se denomina la Semana Grande de Castro Urdiales, con desfile de carrozas, charanga y gran fiesta nocturna.

Por los Picos de Europa y Liébana

En el sector más occidental de Cantabria se levantan los Picos de Europa, el imponente macizo montañoso que reina desde las alturas sobre pintorescas aldeas que se reparten a su alrededor y en la comarca de Liébana. Un latido de intenso verde en el corazón de las montañas donde hallaron refugio y paz los monjes medievales y los pastores trashumantes.

A las puertas de Liébana

Podemos empezar esta ruta por San Vicente de la Barquera, siguiendo la N-621 por Unquera y Panes hasta La Hermida, o desde Torrelavega por la N-634 hasta Cabezón de la Sal, luego por la CA-180 hasta Valle y Puentenansa, y finalmente por la CA-182 a Caldas y La Hermida. Si elegimos la segunda alternativa, después de Puentenansa y la **collada de Ozalba** (56 km) podemos detenernos en **Quintanilla**, donde encontraremos a las afueras la ermita de San Bartolomé. Luego podemos detenernos en **Sobrelapeña**, capital de municipio de Lamasón. Posee una interesante **iglesia** parroquial elevada sobre una pequeña loma, que es difícil adscribir a algún estilo, aunque parece ser que se construyó en el siglo XII. En el interior existen unas arquerías pareadas que se sustentan en capiteles con espirales cruzados y bolas con caperu-

AL PIE DE UN RISCO ALTO Y ESCARPADO, LA IGLESIA DE SANTA MARÍA DE LEBEÑA ES UNO DE LOS TESTIMONIOS MOZÁRABES MEJOR CONSERVADOS DE CANTABRIA. DESTACA EL JUEGO DE ALTURAS DE SU EXTERIOR, QUE EN EL CENTRO ALCANZA UNA SINGULAR ELEVACIÓN.

(Derecha) La Liébana es una comarca de espesos bosques que presenta una variedad climática sorprendente. En ella conviven robles y hayas atlánticos, junto a encinas y alcornoques mediterráneos.

Un rincón del desfiladero de La Hermida, por el que la carretera discurre junto al río Deva. Conviene admirar y saborear el trayecto de murallones casi verticales y paredes que se elevan hasta casi los 600 m.

za en los muros del presbiterio. Al dejar atrás Sobrelapeña se encuentra **Lafuente**, que cuenta con una interesante iglesia y unas esculturas únicas en toda la Comunidad. La iglesia de **Santa Juliana de Lafuente**, del siglo XII, de aspecto muy sobrio, es una de las pocas herencias del románico en estos valles. La puerta de entrada, de grandes proporciones, lleva tres imponentes columnas a cada lado de fustes monolíticos, con capiteles rematados con formas vegetales, y cuatro arquivoltas. En el interior, más rico que la parte exterior, el arco triunfal, de medio punto, está decorado con el tema de la Epifanía. Cerca de la iglesia veremos además dos esculturas singulares. El grupo denominado *La pareja de Lamasón*, una mujer y un hombre, son dos figuras del siglo XVII. En la efigie de la mujer se lee una sombría sentencia: «Cuántos pasan que no vuelven».

Caldas-La Hermida

Antes de La Hermida, o desde esta población, vale la pena hacer un alto en Caldas, antesala de la comarca de Liébana. En Caldas hay una pequeña **ermita** con arco triunfal de medio punto, que parece ser que se construyó sobre un antiguo monasterio románico. El nombre de la población proviene de las **aguas termales** que brotan a casi 50 °C, y que en siglo XIX alimentaron una estación balnearia hoy abandonada.

Muy cerca de Caldas se encuentra **Navedo**, donde la **capilla de Nuestra Señora del Valle**, del siglo XVI, guarda un valioso **retablo** del siglo XVIII con la imagen de la Virgen con el Niño, datada entre los siglos XV y XVI. También en **Cicera** hay una iglesia, algo posterior, que tiene una portada de arco y un retablo del siglo XVIII. Por un pequeño camino que nos aleja unos metros de la aldea llegamos al **mirador de Santa Catalina**, también denominado «La bolera de los moros». Desde allí se tiene una espléndida vista del **desfiladero de la Hermida**.

La población que da nombre a la impresionante hoz tallada en la roca caliza por el río Deva se halla inmedia-

tamente después de Caldas, y es la puerta de entrada a la comarca de Liébana. La Hermida también da acceso a la **garganta del Urdón**, ya sea por una senda que parte de la central eléctrica, o por una carretera que rodea el macizo y nos conduce hasta las aldeas de Sotres y Tresviso.

Tresviso es conocida por el queso picón, parecido al cabrales y también madurado en cuevas.

Lebeña

Desde La Hermida, la N-621 se interna durante 20 km por el colosal tajo del Deva y nos lleva a nuestra siguiente etapa, **Lebeña,** en el corazón de Liébana, comarca montañosa que además proporciona suculentos quesos. Algo apartada de la población encontraremos la **iglesia de Santa María de Lebeña**, la construcción mozárabe más importante de toda la Comunidad, declarada Bien de Interés Cultural. Fundada en 825 por Alfonso y Justa, condes de Liébana, observamos elementos del prerrománico asturiano,

(ABAJO) LOS PICOS DE EUROPA, MACIZO AL NORTE DE LA CORDILLERA CANTÁBRICA, SE CARACTERIZA POR UN PAISAJE ABRUPTO DE VERDES VALLES Y ESPECTACULARES MONTAÑAS.

La villa de Potes es la capital y la población más importante de la comarca de Liébana, un territorio de montaña, e incluso de alta montaña en algunas áreas, atravesado por el río Deva y sus afluentes, el Quiviesa y el Buyón.

influencia de las cercanas construcciones de la comunidad vecina. El templo es rectangular, de tres naves, más ancha la central, separadas por pilares que sustentan arcos de herradura de clara inspiración mozárabe, que se apoyan en capiteles corintios con collarino doble de tipo asturiano. En el exterior destaca el juego de volúmenes y alturas, y hay un **pórtico** levantado hace apenas un siglo, al igual que la **torre**, de inspiración mozárabe. En el interior, la cubierta se resuelve con bóvedas de cañón longitudinales y transversales. Dos elementos destacan por encima de los demás, el **altar**, con una losa de piedra que forma el frontal, decorado con círculos de inspiración mozárabe o visigoda, y un **retablo barroco** del siglo XVIII, que presenta una talla central de la Virgen de la Buena Leche del siglo XV, que fue robada en 1994 y sustituida por una réplica.

De vuelta al pueblo, una típica aldea lebaniega, podemos acercarnos a ver el edificio de la **vieja escuela**, en cuya fachada hay una lápida romana procedente de una antigua ermita, con una inscripción datada en el siglo III que confirma la presencia romana en la Liébana, y en la que aún puede leerse «Aurelio Albino, de 75 años, Turaennia a su padre».

Los alrededores de Lebeña están bastante despoblados, aunque en dirección a Potes se encuentra **Castro Cillórigo**, con varias **casonas** de los siglos XVII y XVIII.

Potes

Potes es la capital de la comarca de Liébana, y su importancia se deriva probablemente de su ubicación en el centro de la misma. Para nosotros, es además un punto de inflexión en nuestro recorrido, pues desde aquí podemos seguir tres caminos diferentes. Empezamos nuestra visita a la localidad en la **Torre del Infantado**, su edificio más simbólico y actual sede del Ayuntamiento. Es una construcción del siglo XIV, de planta cuadrada, con ventanas ajimezadas, escalinata de acceso y balcón corrido. En una placa de bronce se dice que perteneció a Don Tello, señor de Liébana, durante la segunda mitad del siglo XIV, que pasó a luego de Don Íñigo López de Mendoza, Marqués de Santillana, y que en el siglo XIX las tropas francesas se rindieron a sus pies ante los valerosos soldados de Liébana.

Detrás de la torre está la **plaza de Jesús de Monasterio**, en la que además hay un monumento dedicado a este insigne violinista y compositor nacido en la localidad. Allí se encuentran la antigua iglesia parroquial de San Vicente y la iglesia nueva, que guarda unos valiosos retablos barrocos del siglo XVIII. La **iglesia vieja** es uno de los edificios más importantes

La ceguera del conde de Liébana

La iglesia de Santa María de Lebeña fue fundada en el año 925 por Alfonso, conde de Liébana, y Justa, su esposa, cuando la región estaba libre de la amenaza que suponían los musulmanes. Parece ser que la intención de los condes era trasladar allí el cuerpo de San Toribio. Sin embargo, según cuenta la leyenda, el emplazamiento elegido no pareció ser del agrado del santo y esto provocó que el conde quedara ciego. Para recuperar la vista, Alfonso cedió todas sus posesiones al monasterio de Santo Toribio. El santo agradeció el gesto y devolvió la vista al conde.

Todas las calles del casco antiguo de Potes conservan un típico aire medieval.

En el casco antiguo de Potes abundan los elementos característicos de la arquitectura tradicional. La proximidad de esta localidad a los Picos de Europa la ha convertido en un centro turístico muy visitado.

de Potes, pues es una construcción del siglo XV, de estilo gótico rural tardío, y un símbolo de la resistencia de Potes a diluirse en el poder del monasterio de Santo Toribio.

Cerca del río, y en dirección al barrio de El Sol, está el **torreón de Orejón de la Lama**, construcción civil que presenta en la fachada los escudos de armas de los Bedoya y Celis. Sin salir del barrio del Sol, que vale la pena recorrer con calma para disfrutar de todos sus rincones, podemos visitar la Casa de Cultura, ubicada en la **casona de La Canal**. En general, todas las calles del **casco antiguo** de Potes conservan un típico aire medieval.

Para completar la visita a esta localidad, hay que acercarse al **convento de San Raimundo**, del siglo XVII, que se encuentra en el barrio de San Roque, aunque

únicamente queda el claustro. Por cierto, todos los lunes se celebra un mercado tradicional en el que podemos comprar los productos típicos de la zona.

Una vez que hemos conocido a fondo Potes, nos espera una agradable disyuntiva, ya que nuestra ruta se abre con tres espléndidas opciones para seguir disfrutando de esta parte de Cantabria. Por un lado, podemos tomar la CA-185, que nos lleva al corazón de los Picos de Europa cántabros, a Fuente Dé. Por el otro, cabe la posibilidad de seguir unos kilómetros más por la N-621 hasta el

El monasterio de Santo Toribio de Liébana, en las cercanías de Potes, es lugar de peregrinación. Si en su origen se llamó San Martín de Turieno, el auge de la leyenda alrededor de Santo Toribio favoreció su cambio de denominación.

Jesús de Monasterio, el violinista genial

Jesús de Monasterio nació en la localidad cántabra de Potes en 1836. Muy pronto se trasladó a Madrid para cursar los estudios de música. Posteriormente, se trasladó a Bruselas, donde conoció a Charles Bériot, uno de los violinistas más célebres de la época, y se convirtió en su discípulo. Gracias a las enseñanzas del maestro belga, Monasterio adquirió un gran prestigio que le permitió regresar a España y aplicarlas como profesor de violín del Conservatorio de Madrid. En la capital desarrolló prácticamente toda su actividad profesional, ocupando algunos de los cargos más importantes del mundo musical español. Fue presidente de la Sociedad de Conciertos de Madrid, director del Conservatorio de esta misma ciudad y fundador de la prestigiosa Sociedad de los Cuartetos. Monasterio no sólo era reconocido como un virtuoso del violín sino también por sus composiciones, muchas de las cuales se inspiran en temas nacionales, entre ellas «Adiós a la Alambra», para violín y piano, y «Fantasía sobre aires españoles», para violín y orquesta.

puerto de San Glorio. Por último, podemos descender por la CA-184, bifurcación a 2 km antes de Potes, que nos llevará a Valdeprado, donde podemos enlazar con la siguiente ruta en Tresabuela. Obviamente, para no renunciar a ninguna de estas posibilidades, una vez finalizada una de estas rutas alternativas podemos volver a Potes para enlazar con las otras.

Potes es ideal para disfrutar de la gastronomía cántabra: unas buenas truchas del río Deva, un solomillo al queso de Tresviso, el famoso lechazo, y una generosa copa de orujo para ayudar la digestión. El cocido montañés tiene aquí su variante más famosa, el cocido lebaniego, en el que la base de alubias es sustituida por unos garbanzos.

De Potes a Fuente Dé

Este itinerario nos adentra por los Picos de Europa hasta Fuente Dé, por una carretera (CA-185) que transcurre por los paisajes más abruptos de la Comunidad, con valles angostos y montañas cada vez más elevadas. Asimismo, en Fuente Dé podemos tomar el teleférico que nos lleva a un verdadero paraíso, el Parque Nacional de los Picos de Europa, compartido entre Cantabria, Asturias y Castilla y León, en el que la grandiosidad de las montañas tiene su máxima expresión.

A unos 3 km de Potes, por una carretera local, en el municipio de Camaleño encontraremos el **monasterio de Santo Toribio de Liébana**, en una ladera de la montaña Viorna. Esta construcción nos traslada a los años más remo-

(Arriba) Desde el Mirador del Cable se puede contemplar la cuenca alta del Deva y, gracias a un panel de señalización, reconocer las diferentes cumbres. Es el punto de partida, también, para diversas excursiones de montaña

Mientras salva un considerable desnivel, el teleférico de Fuente Dé permite admirar impresionantes panorámicas de los riscos y de los bosques que se extienden a sus pies.

(Páginas anteriores) El edificio más simbólico de Potes, la torres del Infantado, actual sede del Ayuntamiento. Desde el siglo xv se alza majestuoso en el centro de la villa, presidiendo el casco antiguo.

tos de la Edad Media, pues el monasterio se fundó probablemente antes del siglo VIII, aunque ya había una fundación religiosa anterior. Aquí Beato de Liébana escribió sus famosos «Comentarios al Apocalipsis». Todo apunta a que el fundador del monasterio fue Santo Toribio, obispo de Astorga, quien además había traido desde Jerusalén como reliquia, según cuenta la tradición, el *Lignum Crucis*, el mayor fragmento que se conoce de la cruz de Cristo, hoy custodiado en una cruz de plata dorada del siglo XVI. Santo Toribio de Palencia debía cristianizar esta parte de Liébana, tarea que se intensificó con la llegada a partir del siglo VIII de muchos cristianos refugiados de la invasión árabe. Así empezó a crecer el monasterio, que dejó de ser abadía en el siglo XII para convertirse en priorato. Por entonces estaba dedicado a la devoción de San Martín de Turieno (o de Tours), era el centro de la vida social y religiosa de la comarca de Liébana y todo un símbolo de la Reconquista. Un siglo más tarde se construyó el templo que podemos visitar hoy día, y ya en el siglo XVII empezaron las obras para restaurar el edificio y se erigió el claustro.

Observamos en el monasterio elementos románicos, góticos y barrocos. La **iglesia** presenta detalles góticos en las puertas de la fachada sur, la puerta principal y la del Perdón, que seguramente son de la anterior construcción románica sobre la que se levantó el templo actual. La planta es rectangular de tres naves, la central más ancha, y con tres ábsides poligonales. En el altar hay una talla de la **Virgen con el Niño** del siglo XVII, y en la cabecera de una de las naves laterales, en una urna de cristal, una **imagen de Santo Toribio,** de la que los peregrinos arrancaban astillas para tener una reliquia. La **pila bautismal** es de los siglos XVII-XVIII. Por cierto, la **puerta del Perdón** sólo se abre los años de jubileo, es decir, los años en que Santo Toribio cae en domingo. El jubileo es un privilegio otorgado por el Papa Julio II en 1512.

La **capilla del Lignum Crucis**, adosada a la iglesia, es barroca del siglo XVIII. Sobresale la **cúpula** octogonal, acabada en una linterna de gran altura. Hay que fijarse en el templete de madera en el que se conserva la reliquia. Por último, antes de abandonar el monasterio podemos ver el **grupo escultórico** de Jesús Otero dedicado al Beato de Liébana, terminado en 1973 y situado en el zaguán que comunica el claustro con el antiguo claustro.

En el incomparable marco natural que ofrece el circo de Fuente Dé, se encuentra la estación del teleférico. En un apasionante viaje que dura varios minutos, ascendemos a los collados del parque.

En los alrededores podemos visitar diversas ermitas diseminadas por el monte Viorna. La ermita de **San Miguel** ofrece un magnífico mirador desde el que contemplar los Picos de Europa. La ermita de **Santa Catalina** data del siglo XIII. En la ermita de la **Cueva Santa**, excavada parcialmente en la roca, según la tradición cumplía su retiro cenobítico santo Toribio.

De vuelta a la CA-185, proseguimos nuestro recorrido hacia Fuente Dé. Enseguida pasamos por **Turieno**, pueblo de casas rústicas que tiene como paisaje de fondo los sempiternos nevados Picos de Europa, en el que podemos visitar la iglesia parroquial y la **casa de Mogrovejo**. Seguimos por la CA-185 y llegamos a **Baró**, que guarda una iglesia del siglo XVI y donde podemos encontrar buenos quesos. Pasamos por **Camaleño** y por una carretera local llegamos a **Mogrovejo**, en la que destaca la **iglesia de la Asunción**, barroca del siglo XVII, que alberga un **retablo** salomónico del siglo XVIII con una imagen de Santo Toribio y una Virgen flamenca del siglo XV.

En **Cosgaya**, donde según se cuenta nació Don Pelayo, se libraron algunas de las batallas más encarnizadas entre cristianos y musulmanes, y hubo un gran monasterio del que no se conserva nada. Lo que sí que podemos visitar son algunas **casonas** del siglo XVIII. Por otro lado, cerca de Cosgaya, en la aldea de **Las**

Es obligado acercarse al parador de turismo Río Deva para tomar el teleférico que asciende al Parque Nacional de los Picos de Europa, y que en tres minutos recorre los 1.400 m que hay hasta la estación del Balcón o Mirador del Cable.

Ilces, se alza el monte Calavera, donde un oso mató al rey Favila. La carretera gira en Cosgaya en dirección a **Espinama**, en la que está el estrecho y antiguo **puente de piedra**. Se trata de un pueblo pintoresco por sus **casas rústicas**, y es un lugar perfecto para hacer excursiones hacia los Picos de Europa. Por ejemplo, se puede llegar caminando hasta el pico Coriscao (2.234 m), que ofrece unas vistas espectaculares.

Estamos al final de esta ruta, en un tramo en el que la presencia de los Picos de Europa nos fascina e intimida. La carretera bordea las montañas para llegar a la pequeña población de **Pido**, en la que se conservan numerosos **hórreos**. Finalmente, llegamos a **Fuente Dé**, localidad situada a poco más de 1.000 m de altitud, donde tiene sus fuentes el río Deva. Aquí hay que sacar la cámara fotográfica, pues

El Balcón del Cable, destino de la ruta del teleférico que parte de Fuente Dé, es un extraordinario mirador que se asoma al vacío a una considerable altitud. Desde él se accede al collado de Áliva, amplias praderías que son el paraíso de los senderistas.

podemos contemplar un inmenso circo glaciar de paredes calizas y elevadas cumbres. A la izquierda está la peña Remoña (2.247 m) y cercana a ella la peña Valdecoro (1.841 m). Junto a ambas, la **Peña Vieja** (2.613 m), es el techo de Cantabria.

Fuente Dé es el final de este itinerario, pero no supone el final de las actividades que podemos realizar. Es obligado acercarse al parador de turismo Río Deva para tomar el **teleférico** que asciende al Parque Nacional de los Picos de Europa, y que en tres minutos recorre los 1.400 m que hay hasta la estación del Balcón o Mirador del Cable. Desde ahí podemos emprender diversas excursiones de montaña. Por ejemplo, un sendero nos lleva al **collado de Áliva** (1.687 m), a unos 3 km de la estación del Balcón. Cerca están la ermita de la Virgen de la Salud y el chalé real que se construyó para que Alfonso XIII pudiera cazar cuando pasaba unos días de descanso en la zona.

De Potes a Vega de Liébana

Por Potes atraviesa la N-621, que se dirige hacia la provincia de León por el puerto de San Glorio, y pasa por el municipio de Vega de Liébana, cuyas aldeas guardan bellos ejemplos de arquitectura rural popular. A unos 4 km de Potes encontramos **Valmeo**, separado de la carretera por un hermoso puente, donde hay además una sencilla iglesia del siglo XV, y un par de kilómetros más adelante podemos tomar un desvío para llegar a **Tudes**, un clásico pueblo lebaniego, con sus **casas rústicas** de piedra y balconadas, que tiene como telón de fondo un paisaje de prados y montañas. Si buscamos la paz de una pequeña aldea rodeada de la naturaleza en su expresión más pura, Tudes bien merece nuestra visita. La **iglesia** de Tudes es una construcción muy rústica del siglo XVI, que cuenta con una hermosa espadaña.

De vuelta a la N-621, antes de entrar en La Vega nos desviamos para acercarnos a **Campollo**, otra aldea en la que parece haberse detenido el tiempo, cuya iglesia guarda un sorprendente sillón nobiliario del siglo XVII con respaldo tallado.

En **La Vega**, capital del municipio, si miramos en dirección noroeste veremos la montaña que la separa del monasterio de Santo Toribio de Liébana, que se encuentra al otro lado. El edificio de mayor interés de esta pequeña población es el **Ayuntamiento**, en cuya fachada hay un escudo con las armas de Vega. Estos escudos abundan en las casonas y palacios de la Comunidad, y no deja de admirarnos la riqueza que muchos presentan, ya que su objeto era hacer ostentación del poder de las familias.

De La Vega sale una carretera local que llega serpenteando a las aldeas de **Dobres** y **Cucayo**, declaradas Conjunto Histórico Rural porque conservan todo el sabor de los pueblos lebaniegos en las **casas rústicas** y balconadas. Por otro lado, en Dobres hay dos interesantes **casonas**, una de ellas con el escudo de armas de Salceda.

Si seguimos desde La Vega por la N-621 pasaremos cerca de la aldea de **Vada**, en la que aún se mantiene en pie una **iglesia románica** del siglo XIII que guarda un valioso **retablo** en su interior. Finalmente, dejando atrás Vada, llegamos al **puerto de San Glorio**, al otro lado del cual está la provincia de

Detalle del claustro del monasterio de Santo Toribio de Liébana, escondido entre los pliegues abruptos de la montaña Viorna. El lugar fue designado por el obispo de Astorga, Toribio, para vivir según la regla benedictina.

Abundan las casas rurales, que combinadas con el verde paisaje que nos sorprende al final de una calle, convierten un breve paseo en un momento encantador.

León. Desde el puerto podemos llegar fácilmente al **pico Coriscao**, en el que hay un buen mirador, por un camino que pasa por el collado de Llesba, a unos 1.670 m de altura, donde se encuentra el *Monumento al Oso* de Jesús Otero.

De Potes a Valdeprado

Unos 3 km antes de la entrada de Potes sale la CA-184 en dirección a Valdeprado, asciende al puerto de Piedrasluengas (1.329 m) y de allí desciende la CA-281 hacia Tresabuela. Salimos de Potes en dirección al puerto, y a unos 4 km tomamos un desvío a la izquierda que nos lleva hasta **Luriezo**, en plena Reserva Nacional de Caza del Saja. Antes de llegar a **Luriezo** podemos detenernos en **Cambarco**, que cuenta con una **ermita rupestre** datada en el siglo IX y una iglesia románica posterior. La construcción religiosa mejor conservada es la **iglesia románica de San Andrés**, que conserva elementos mozárabes que debían de formar parte de una construcción anterior. Difícilmente veremos otro bosque con tanto encanto como en Luriezo. Aquí, a través de una pista forestal, llegamos a la **ermita de Nuestra Señora de la Luz**, en la ladera de la Peña Sagra. Es la patrona de los lebaniegos, quienes el 2 de mayo la llevan en romería hasta el monasterio de Santo Toribio. Esta iglesia alberga una interesante estela gigante cántabro-romana, de 1,35 m de diámetro, en la que se puede leer la siguiente inscripción en latín: «Monumento de Ambato Pentovieco, de los ambáticos, hijo de Pentovio, de 60 años. Ambato y Doidero, sus hijos, pusieron este monumento». Los nombres son prerrománicos.

Al regresar de Luriezo hay que dirigirse a **Aniezo** para visitar uno de los lugares más curiosos de esta comarca, el **Parque del Agua**. Por la aldea pasa el río de mismo nombre, y en el parque veremos con sus molinos, represas, etc., las diversas formas en que a lo largo de la historia se ha aprovechado esta fuente de energía natural.

Después de este desvío regresamos a la CA-184, y tras recorrer un par de kilómetros llegamos a **Cabezón de Liébana**, capital de municipio, donde abundan las **casas rurales**, que combinadas con el verde paisaje que nos sorprende al final de una calle, convierten un breve paseo en un momento encantador. El pueblo alberga tres cons-

El batán de Aniezo

Uno de los artefactos que goza de mayor éxito en el Parque del Agua es el batán o pisa, con el que se golpeaban y enfurtían las telas que se tejían en los telares y que resultaban demasiado rudas. El agua entraba por un canal y ponía en marcha la piedra hidráulica, que estaba unida a un eje en el que había dos levas de madera cuyo movimiento hacía subir dos mazos de madera que golpeaban las telas, previamente mojadas en agua porque de esta forma se evitaba que se deformaran. Las telas se golpeaban de este modo durante varios días y luego se dejaban secar. Sólo se conserva en Cantabria este batán, aunque hubo un tiempo en que eran muy numerosos.

trucciones religiosas de distintas épocas, la más hermosa de las cuales es la más reciente, la **iglesia parroquial**, del siglo XIX. Asimismo, podemos ver la ermita del Carmen, que tiene una valiosa capilla barroca, y la ermita de Guadalupe.

Al dejar atrás Cabezón de Liébana, nos desviamos por una carretera local para llegar al **monasterio de Santa María La Real de Piasca**, una notable construcción románica del siglo XII, que se levantó sobre una antigua edificación monacal del siglo IX. Este monasterio llegó a competir en importancia con el de Santo Toribio. Se conserva la iglesia, de la que hay que destacar las dos portadas y la espadaña. Hay que fijarse en los detalles de los capiteles y las arquivoltas.

En esta zona podemos detenernos además en **Los Cos**, donde hay una interesante **casona**. También podemos desviarnos y acercarnos a **Perrozo**, **Buyezo** y **Lamedo**, todas ellas hermosas aldeas lebaniegas.

Siguiendo por la CA-184 hacia Valdeprado llegamos a **Pesaguero**, donde una carretera secundaria nos lleva a la **ermita románica de Nuestra Señora de la Asunción de Caloca**, del siglo XIII, con puerta de arquivoltas y capiteles decorados. Es una aldea situada a escasos 2 km de Castilla y León. De nuevo en la CA-184, nos dirigimos a Valdeprado, final de este itinerario, donde hay un **hórreo** muy bien conservado. Desde aquí podemos tomar la CA-281 y enlazar con la ruta siguiente.

MOGROVEJO, A LOS PIES DE LOS PICOS DE EUROPA, ES UNA ALDEA TÍPICA LEBANIEGA APENAS ALTERADA POR EL PASO DEL TIEMPO. SOBRE EL CASERÍO SOBRESALE LA TORRE ALMENADA DEL SIGLO XIII.

Remontando el río Nansa

Si tenemos una imagen de Cantabria con verdes prados, frondosos bosques en los que apenas se oye el murmullo de un riachuelo y pintorescas aldeas, esta ruta cumple con todas estas expectativas. Remontando a contracorriente el curso del río Nansa, cruzaremos la Reserva Nacional de Caza del Saja hasta llegar casi al límite con Castilla y León.

Camijanes y Cabanzón

Podemos emprender el camino enfilando la CA-181 desde la nacional N-634 a la altura de Val de San Vicente. A unos 15 km encontramos **Camijanes**, que pertenece al municipio de Herrerías. Fue uno de los pueblos de esta parte de la cuenca del Nansa que más privilegios tuvo durante muchos años, y como muestra de su prosperidad han quedado numerosas **casas rústicas**. Asimismo, podemos ver la **iglesia**, del siglo XVII, y el **puente** que cruza sobre el río Nansa.

Siguiendo luego por la CA-181, toparemos con un desvío que lleva a **Cabanzón**, donde una **torre medieval** que se levanta a las afueras nos recuerda el belicoso pasado de estas tierras, que vivieron las disputas entre los nobles que querían imponer su dominio. La torre, declarada Bien de Interés Cultural en el año 1992, es de planta cuadrada y conserva a su alrededor una cerca almenada. Se trata de la edificación más antigua de todo el municipio de Herrerías, aunque seguramente fue modificada en el siglo XV, pues tiene

LAS FLORES SON UNA CONSTANTE EN LOS PUEBLOS DE CANTABRIA LOS CUALES, PINTORESCOS Y PRIMOROSAMENTE CUIDADOS, SON UNA DELICIA PARA EL VISITANTE.

HISTORIA, TRADICIONES, GASTRONOMÍA, TESOROS ARTÍSTICOS... SON DIVERSOS LOS ATRACTIVOS QUE ACONSEJAN UNA VISITA A LAS VILLAS CÁNTABRAS, EN LAS QUE ABUNDAN LOS DETALLES DECORATIVOS QUE HACEN EL PASEO AUN MÁS AGRADABLE.

poca altura para ser una torre defensiva. Ese desmochado fue tal vez impuesto por los reyes de Castilla, que no veían con buenos ojos que los poderosos nobles cántabros contaran con edificaciones defensivas.

Bielva

Encontramos Bielva en otro desvío de la CA-181. Nos detenemos aquí para ver una **iglesia gótica** con espadaña de dos troneras, que alberga un **retablo** de factura popular. Estos retablos son abundantes en las iglesias y ermitas de Cantabria, y aunque no lucen con el esplendor de los suntuosos retablos góticos y barrocos encargados a los grandes artistas, poseen la belleza de las obras de arte hechas con sencillez y devoción. Cerca de la iglesia hay una **casona** del siglo XVII con los escudos de armas de Lamadrid, Celis, Trasierra y Cossío.

A 2 km de Bielva, al otro lado de la carretera principal, **Cades** conserva una de las muchas ferrerías que había en el municipio hace un par de siglos, cuando el trabajo del hierro era uno de los motores económicos de la zona. La **ferrería**, muy bien restaurada, está integrada en un conjunto completado por una **panera**, única en toda Cantabria por su antigüedad, un **molino** y la casa de Rubén de Celis, del siglo XVIII.

Muy cerca de Cades tenemos **Rábago**, donde veremos una casa del siglo XIX que es todo un capricho de inspiración francesa, como se puede apreciar sobre todo en las buhardillas, que nos transportan por un instante a las villas de la costa gala. Desde esta localidad pueden visitarse las **cuevas de El Soplao,** con formaciones geológicas únicas en el mundo (se describen en el segundo volumen, entre los tesoros que conforman es patrimonio de Cantabria).

Al dejar atrás Rabago entramos en el municipio de Rionansa. La pequeña localidad de **Celis** es una aldea en la que encontraremos la típica **arquitectura rural** montañesa. No será una pérdida de tiempo aparcar el coche y pasear por sus callejuelas para disfrutar de cerca y con tranquilidad de las balconadas llenas de flores, del paisaje verde y esplendoroso que aparece tras volver una esquina, al ver la imponente **casona La Campona** y la **iglesia** del siglo XVIII, que alberga un valioso sagrario en el retablo barroco.

Antes de llegar a Puentenansa podemos acercarnos al embalse de Palombera. Cercano al mismo están **Riclones**, donde hay una pequeña y hermosa ermita que cuenta con un porche columnado, y las **cuevas de Micolón y Chuflín**, con pinturas de rupestres de 15.000 años de antigüedad. En Riclones podemos concertar una visita a las cuevas.

Puentenansa

Estamos en el núcleo comercial del valle alto del Nansa y, en nuestro caso, en un lugar de cruce entre esta ruta que desciende al sur a contracorriente del río Nansa y uno de los puntos de salida de la ruta anterior a Potes y los Picos de Europa. Puentenansa, puerta de entrada a la **Reserva Nacional de Caza de Saja**, cuenta con algunas **casonas** de los siglos XVII y XVIII que vale la pena contemplar, aunque los lugares de mayor interés se hallan en sus alrededores. A unos 2 km de Puentenansa, en dirección a Potes, está **Obeso**, en la que se mantiene en pie a duras penas una torre del siglo XV que tenía funciones defensivas, como lo atestiguan las ventanas ajimezadas, muy pequeñas, pensadas para evitar las flechas del adversario.

Desde Puentenansa podemos dirigirnos a **Carmona**, localidad que nos lleva a la Ruta 5, o seguir en dirección sur por la CA-281. Debemos parar en **Cosío**, a unos 3 km de Puentenansa, ya que se trata de un pueblo de gran belleza que enamoró al mismo José María de Cossío, vinculado a esta población por la **casona solar de Cossío**, una construcción a cuatro aguas que tiene en la fachada un hermoso escudo barroco.

Seguimos por la carretera y pasamos por Rozadío y Sarceda, antes de llegar

UN MILAGRO POR RESOLVER

Desde Cosío llegamos por una carretera local (CA-860) al santuario de San Sebastián de Garabandal, en plena Reserva Nacional de Caza del Saja. Este enclave es conocido porque hace cuarenta años fue escenario de una supuesta aparición de la Virgen que dio origen a la construcción del santuario, aunque este milagro no ha sido admitido por la Iglesia Católica. Curiosamente, la devoción a este lugar goza de gran predicación en la comunidad católica de Estados Unidos, pues una de las niñas que aseguraba haber visto a la Virgen emigró a dicho país y extendió la fama del santuario. Así que de momento, mientras Roma no hable, no hubo milagro.

No es de extrañar que personajes de renombre acudieran a Tudanca a descansar y aislarse del mundo. Este es el caso de Miguel de Unamuno, quien disfrutó de la hospitalidad de su gran amigo José María de Cossío.

En Tudanca, un lugar en el que el tiempo parece haberse detenido, no hay que dejar de visitar la Casona, que alberga un museo del erudito José María de Cossío. Tanto el caserío de la población como los prados que lo rodean se escalonan en la falda del monte Jorcada.

a Tudanca. Lo mejor de estos pueblos son sus casas rústicas y, sobre todo, el privilegiado marco natural en el que están situados.

Tudanca

Declarada Conjunto Histórico Nacional en 1983, es una de las localidades más interesantes de esta zona. Está situada al lado de La Lastra, en la falda del monte Jorcada, un lugar idílico y con unos parajes espléndidos. No es de extrañar que personajes de renombre acudieran a Tudanca a descansar y aislarse del mundo. Este es el caso de Miguel de Unamuno, quien disfrutó de la hospitalidad de su gran amigo José María de Cossío y describió así ese bucólico paraje: «El Nansa brisa el sueño de los soñadores muertos como brisa el de los vivos. Y en la paz solemne de aquellos eternos parajes, bajo la mansa cúpula del cielo, sostenida por las cimas montañosas, ocurre pensar si son otros los vivos que fueron los muertos, si no es una misma generación que bajo diversas figuraciones se sucede». Precisamente, uno de los atractivos que presenta Tudanca es la **Casa-Museo de José María de Cossío**, sede de la importante biblioteca que formó a lo largo de su vida. Fue construida en el siglo XVIII por un indiano y es el escenario de la novela *Peñas arriba*, de José María de Pereda.

Pasear por Tudanca es hacerlo rodeado por **casas rústicas** que siguen un camino que asciende desde el río Nansa. Sin prisa, podemos ir descubriendo

hermosas portaladas, humildes muros añejos y ventanas típicamente rurales.

Desde Tudanca podemos acceder a la Reserva Nacional de Caza del Saja, en cuyas praderas veremos pastar la vaca tudanca, la raza vacuna autóctona de Cantabria, cuya crianza parece ser que se está recuperando. La importancia de la ganadería en esta zona se pone de manifiesto en la feria de ganado que se celebra en la ermita de la Virgen de las Nieves, situada en Vado La Reina, y

José María de Cossío, de Valladolid a Tudanca

Nacido en Valladolid a finales del siglo XIX, José María de Cossío fue un erudito y crítico literario que se dedicó especialmente al estudio de la tauromaquia, la poesía del Siglo de Oro y la literatura decimonónica. Algunas de sus obras más importantes son Los toros, Fábulas mitológicas en España *y* La obra literaria de Pereda. *Desde 1949 fue miembro de la Real Academia Española de la Lengua. Gracias a su trabajo mantuvo una estrecha relación con escritores como Unamuno, Cela o Miguel Hernández, y fue un asiduo de las tertulias literarias y taurinas. También fue un gran aficionado al fútbol, e incluso llegó a ser presidente del Racing de Santander. Murió en Valladolid a los 85 años de edad, aunque sus restos fueron trasladados a Tudanca en 1983, localidad en la que residía durante los meses de verano.*

(Derecha) Con la fragua y el yunque los maestros artesanos obtienen artísticos elementos ornamentales. En Cantabria, rica en recursos de hierro, la forja de calidad ha constituido una actividad tradicional.

Es una delicia para el visitante descubrir y disfrutar de los variopintos rincones y detalles que embellecen los paisajes urbanos.

queda sintetizada además en esta trova: «En Tudanca, tengo las vacas, / En La Lastra, las ovejas, / En Santotís, las albarcas, / Lindas palas en Sarceda».

La base gastronómica de esta región está formada por platos consistentes, con alubias, patatas y otros productos, como el tradicional compango, que se obtiene del cerdo. A estos ingredientes se les añade carne de caza o de pasto. Como en toda Cantabria, una buena comida no se da por concluida sin alguno de los contundentes postres caseros.

Tresabuela

Salimos de Tudanca y, sin dejar la CA-281, a la altura de La Laguna encontramos un desvío que nos conducirá a la última parada de nuestro periplo, Tresabuela. Antes pasaremos por diversas poblaciones, como **Puente Pumar**, en el municipio de Polaciones, localidad que dista unos 12 km de la divisoria de Cantabria con Palencia. Estamos en una zona que acredita un gran patrimonio cultural, pues en ella encontramos desde **vestigios prehistóricos** hasta las **casas señoriales** tan típicas de los siglos XVIII y XIX. Puente Pumar es el núcleo más habitado de todo el valle, y en el que hay que prestar atención sobre todo a las **casas de los Coroneles**, escalonadas en la parte alta del pueblo, que demuestran que la arquitectura montañesa alcanzó altas cotas de refinamiento.

En Puente Pumar podemos coger de nuevo la C-280 hasta Salceda, o enfilar la carretera local que conduce hasta Tresabuela, aunque antes de llegar al final del camino nos esperan algunas sorpresas. La carretera se bifurca desde Puente Pumar en dos direcciones. Una de ellas nos lleva a **Uznayo**, donde veremos uno de los conjuntos megalíticos más interesantes de toda Europa, los **menhires de Sejos**, cinco menhires de la Edad de Bronce que en su momento debieron de formar un *crómlech*. Hay representaciones antropomorfas en dos de ellos.

Por otro lado, la carretera que lleva de Puente Pumar a Tresabuela pasa por **Lombraña**, donde podemos visitar la única **iglesia románica** de este valle. Se trata de una construcción muy primitiva, cuyo elemento más destacable es la espadaña. Más interesantes son las muestras de arquitectura civil, que se concretan en las diversas **casonas** que hay de camino a la iglesia.

Por último, en Tresabuela no podemos perdernos la **iglesia**, en la que se conservan dos piezas valiosas, un cáliz y una lámpara de plata.

Entre el Asón y el Campiazo

Los ríos Asón y Campiazo riegan la zona oriental de Cantabria, parajes de suaves relieves y amplios valles, poco poblados, en los que se tiene la impresión de estar apartado del mundo. Tal es la tranquilidad que se respira. La impresionante belleza de estos paisajes será una experiencia inolvidable para quienes emprendan el viaje.

Praves y Beranga

Como en nuestra ruta anterior, el punto de partida de este itinerario puede ser también Solares, desde donde enfilamos por la A-8 en dirección a Bárcena de Cícero para detenernos en **Praves**, pueblo desde el cual nos adentramos en los valles fluviales del oriente cántabro. Antes podemos visitar allí la **ermita de Jesús del Monte**, que guarda uno de los escasos retablos de piedra que hay en la Comunidad. A unos 3 km de Praves se encuentra la capital del municipio, **Beranga**, en la que hallaremos buenos ejemplos de arquitectura civil, como la **casa-torre de los Isla** y la **casa-palacio de los Villa**, que está al lado de la **iglesia parroquial**, del siglo XVII, que tiene una hermosa portada manierista.

Desde Praves o desde Beranga, nos dirigimos ahora a **Hazas de Cesto**, municipio por el cual el río Campiazo recorre sus últimos kilómetros y abandona un valle rodeado por suaves montañas. Podemos visitar aquí la **iglesia parroquial**, cuya construcción comenzó en el siglo XVI y se prolongó en diferentes etapas hasta el

La costa de la zona oriental de Cantabria concentra algunos de los atractivos turísticos más sobresalientes de la comunidad. Sus excelentes playas son visitadas cada año en la época estival por un gran número de turistas.

siglo XVIII. Destaca la **torre**, de considerable altitud, y veremos en el interior un **retablo** churrigueresco de gran valor.

En el municipio de Hazas de Cesto son afamados los buenos platos a base de ternera y el famoso cocido montañés.

Solórzano

Apenas hemos dejado atrás Hazas de Cesto, entramos en **Solórzano**, capital del municipio de mismo nombre, que tiene una bien conservada **iglesia parroquial** del siglo XVII y, sobre todo, el **palacio de Campo**, espléndida construcción del siglo XVII encargada por los Solórzano, una de las familias más poderosas de su tiempo en Cantabria.

Saliendo de Solórzano en dirección a Riba, encontraremos un desvío a la izquierda que nos permitirá visitar **Secadura**, donde veremos algunas casonas del siglo XVIII; **Bádames**, capital del valle de Voto, que tiene una **iglesia gótica** con bóveda de crucería; y **San Miguel de Aras**, donde está la **casona de Cerecedo-Alvear.**

Desde Solórzano, después de esta bifurcación, otra carretera local se desvía a la derecha hasta **Riaño**, que tiene una **iglesia** del siglo XVI que alberga un interesante **retablo** prechurrigueresco.

Regresamos desde Riaño a la CA-266, y tendremos que subir al puerto de **Fuente las Varas** (365 m) para llegar a Matienzo. Después, pasando por el **puerto de la Cruz de Usano** (347 m) llegaremos a Riba.

Riba

Estamos en la capital del municipio de Ruesga, donde encontramos una buena cantidad de casonas y palacios. Podemos empezar a visitar esta localidad en el barrio de la Vía, en el que se encuentra la **casa de los Riva**, con cubierta a cuatro aguas, galería acristalada y un fenomenal escudo barroco. No dejamos el barrio de la Vía para visitar la **casa de Zorrilla y Bringas**, también de cubierta a cuatro aguas y galería acristalada, muy comunes en la mayoría de las casonas del municipio. En las afueras de Riba está la **torre de Arredondo**, que no se

El río Asón nace de un surgimiento cárstico que da origen a una espectacular cascada por la que, a través de 50 m, el agua cae con estrépito en medio de un paisaje espléndido. La cabecera del río se enmarca en el Parque Natural de los Collados del Asón.

encuentra en muy buen estado y es también conocida como el «palacio viejo de los Arredondo». Destacan a los lados de la torre dos leones, y en el flanco libre una inscripción que reza: *«Velar se debe la vida de tal suerte que viva quede en la muerte»*.

Desde Riba tenemos dos opciones. La primera es seguir la CA-261 hasta Arredondo y enlazar por la CA-265 con la ruta anterior en La Gándara, o bien dirigirnos hacia Ramales de la Victoria. Si seguimos la primera opción, acaso la más lógica si queremos conocer los primeros pasos del Ansón, pasamos La Gándara y entramos en el municipio de Soba. Si nos dirigimos a Ramales, podemos hacer otras dos paradas. En este caso, enfilamos la CA-261 y pasamos por **Ogarrio**, donde se hallan la **casa de los Arredondo** y la **iglesia de San Miguel**. Esta iglesia bien merece nuestra atención, ya que posee una portada de estilo gótico flamígero, un caso excepcional en la región, debido a que muchos de los canteros que trabajaron en la iglesia también lo habían hecho en muchas iglesias góticas de Andalucía. Más adelante llegamos al pueblo de Valle, desde el que parte una carretera que nos conduce a **Mentera-Barruelo**, población que nos sorprende por el gran número de **casas señoriales** que alberga.

Veguilla (Soba)

Por un terreno algo más abrupto que el que hemos dejado atrás, aparece la población de **Veguilla**, capital del municipio de Soba, en la que podemos pasear por la **plaza del Ayuntamiento**, pequeña y acogedora, y visitar la **iglesia de San Mamés**, del siglo XVII, que alberga una valiosa imagen de Nuestra Señora de Sopeña. Algo más adelante, un desvío nos lleva a la aldea de **Santayana**, donde podemos visitar el **Museo Etnográfico** de Joaquín Sainz de Rozas, que conserva multitud de útiles de trabajo típicos de estos valles, reunidos por el afán coleccionista de Sainz de Rozas, que ha logrado cuajar una colección en la que no faltan zuecos, aperos de labranza, herramientas de cocina, etc. Una visita muy recomendable para conocer mejor la vida de los pobladores de estos valles a lo largo de los siglos.

A poco más de 1 km de Veguilla, por la CA-256 en dirección a Ramales, aparece **Regules**, en la que destaca la **casona de Liñero**. Desde aquí podemos tomar un desvío a la izquierda que nos lleva a **San Pedro**, a 7 km por una carretera algo sinuosa, que atraviesa un precioso paraje natural. Encontraremos en San Pedro una **iglesia gótica**. Cerca queda asimismo el santuario de **Nuestra Señora de Irías**.

Continuando por la CA-256, entramos en el corazón del valle de Soba, pues llegamos ahora a la aldea de **La Revilla**, en la que se conserva en buen estado una **iglesia** barroca del siglo XVII. Desde aquí sale la CA-662 que conduce hacia el límite con el País Vasco, y por la que podremos visitar **Pilas y Fresnedo**, pequeñas aldeas en las que lo más reseñable son las muestras de arquitectura rural de algunas casas particulares.

(Derecha) Ampuero, típica población montañesa. En la imagen, la fachada barroca de la iglesia de Santa María se orienta hacia el río Asón, a cuya orilla se alza.

Incedo

Es una zona montañosa, muy abrupta, en la que el valle de Soba concentra la mayoría de los pueblos, que aunque numerosos son poco poblados.

Incedo cuenta con una curiosa **ermita** de una sola nave, con capilla mayor cubierta con armadura de madera, de inspiración mudéjar, muy rara de ver en Cantabria.

A escasa distancia está **Rozas**, que fue durante la Edad Media uno de los pueblos más relevantes del valle, al que se llega por una carretera local. De Rozas hay que destacar la **iglesia de San Miguel** y la **ermita del Rosario**, en el barrio de Manzanedo. Antiguamente había algunas casas señoriales de interés que, por desgracia, ya no se mantienen en pie. Estamos en tierras del interior de Cantabria, en las que las construcciones góticas se diferencian de la costa por su aire más popular y sencillo, aunque no siempre menos valioso. Muestra del estilo gótico rural es la citada iglesia de San Miguel, que tuvo que ser reconstruida después de que un huracán destrozase parte de la estructura en el año 1869. En el interior alber-

ga un valioso **retablo** datado en 1527, de estilo plateresco, formado por doce tablas divididas en dos pisos.

Ramales de la Victoria

La meta, desde Riba, para quienes no hayan ascendido hasta Veguilla es Ramales, un activo centro comercial que acoge cada año a un mayor número de turistas, atraídos por el rico patrimonio artístico de la zona, en el que destacan las importantes cuevas prehistóricas que hay en los alrededores de la ciudad. Anteriormente conocida como Ramales, el apelativo «de la Victoria» viene de la época de las guerras carlistas, en las que Ramales jugó un papel relevante, ya que en 1839 Espartero venció allí a las tropas del pretendiente Carlos y recibió el título de duque de la Victoria. La ciudad no tiene mucho que envidiar a las poblaciones más turísticas de la Comunidad, y las noches de los fines de semana el ambiente es de lo más animado.

Empezamos nuestro recorrido por la amplia plaza de los Ramales, en la que se encuentra la **iglesia de San Pedro**,

El ganado es conducido a nuevos pastos en el puerto de Las Alisas, una de las entradas naturales a los valles de Ruesgas y Arredondo. Desde su mirador, rodeado de montañas, se pueden admirar hermosas puestas de sol.

acompañada de un buen número de casas señoriales de los siglos XVIII y XIX muy bien conservadas. La iglesia es un edificio construido durante la primera mitad del siglo XVII, que ha sufrido diversas modificaciones. En el interior del templo destaca el **retablo churrigueresco**, de un único cuerpo y columnas salomónicas.

El **palacio de Revillagigedo**, propiedad del virrey de México, es el edificio civil más notable de la ciudad. Se construyó en el siglo XVI, aunque fueron las reformas realizadas en el siglo XVIII las que le otorgaron su aspecto actual. Se trata de un palacio de considerable altura para la época en que fue construido, pues consta de cuatro plantas y presenta dos torres laterales, en cuyo frontal se pueden ver los escudos de armas de los Güemes y Horcasitas. El virrey de México, Juan Francisco de Güemes y Horcasitas, primer conde de Revillagigedo, habitó en él durante muchos años. Luego, ya en el siglo XIX, durante las guerras carlistas, el palacio se convirtió en un importante baluarte defensivo.

Un interés singular tienen asimismo las **cuevas prehistóricas** de alrededores de Ramales, descubiertas a principios del siglo XX, en pleno auge de hallazgos de este tipo (poco antes, Sautuola había dado con las pinturas rupestres de Altamira, y en el sur de Francia apa-

Rasines es una pequeña población situada en un amplio valle en el que los espeleólogos tienen una de sus catedrales, la cueva del Valle, integrada por un laberinto de túneles que sólo los espeleólogos expertos pueden aventurarse a entrar en ella.

recían numerosas cavernas también con arte rupestre). La cueva más próxima a la ciudad es la **cueva de Cullalvera**, la más grande de las tres, en la que hay signos abstractos y unos caballos. Pero las cuevas más conocidas son las de **Covalanas**, en las que se han encontrado pinturas de ciervos, bóvidos y caballos, seguramente del Solutrense. Estas cuevas están situadas muy cerca de la carretera que conduce a **Los Tornos**, en una de las laderas del monte Haza, una situación que las convertía prácticamente en inaccesibles hasta hace muy poco, hasta que se construyó la carretera. Cerca de aquí están las **cuevas de La Haza**, las más pequeñas de las tres cuevas cercanas a Ramales de la Victoria, pues se trata poco más que de una cavidad de pocos metros de fondo, donde se encontraron unas pinturas en mal estado de caballos y una cierva, junto a otras muy borrosas que no se han podido identificar.

En Ramales de la Victoria se celebra todos los años el Descenso Internacional del Asón, una competición que vale la pena contemplar, pues reúne a los mejores piragüistas. Asimismo, el primer sábado de julio tiene lugar la Verbena del Mantón, declarada Fiesta de Interés Turístico Regional.

Rasines

A unos 15 km al norte de Ramales de la Victoria, por la N-629, llegamos a Rasines, capital del municipio de mismo nombre. Antes de detenernos en Rasines podemos visitar **Helguera**, donde encontraremos la **ermita de los Santos Mártires**, del siglo XII, a las afueras, y sobre todo la **plaza de toros**, considerada la más antigua de España. No esperemos encontrar el típico coso taurino, porque la plaza de Helguera es cuadrada, hecho realmente singular, que se repite en muy pocos cosos, como la plaza de Estepona (Málaga) y la plaza de las Virtudes de Mudela (Ciudad Real).

Rasines es una pequeña población situada en un amplio valle en el que los

Pasabolos tablón, una mezcla de fuerza y puntería

Una buena mezcla de fuerza y puntería es el requisito indispensable para practicar este deporte típico de las zonas más orientales de Cantabria, el norte de Burgos y la vertiente occidental del País Vasco. Se juega en un terreno horizontal de hierba, que debe tener como mínimo 55 m de largo y que se divide en tres zonas. La primera es la zona de tiro, donde el jugador se coloca para lanzar la bola; la segunda es la zona de tablón, donde se ubican los bolos; y la tercera es la zona de rayas, en la que se marcan siete rayas, distanciadas 5 m entre sí, que indicarán el valor de cada jugada, ya que de lo que se trata es de derribar los tres bolos para que vayan tan lejos como sea posible. Por otro lado, hay dos modalidades de juego. Una es el Concurso, en el que los jugadores, por parejas o por equipos, lanzan unas cuantas bolas y cuentan los puntos obtenidos. Otro es el sistema Partida, que se juega por equipos, de los que gana el «chico» el equipo que más bolos derriba. Cada partida se juega a diez «chicos». La popularidad de este juego es sorprendente, pues desde hace años se organiza un campeonato de España, hay un campeonato regional y diversas competiciones puntuables para el Circuito Nacional o el Circuito Regional.

RASINES, LUGAR DE PASO DE REYES

En la Edad Media, Laredo era una villa de gran importancia comercial que estaba comunicada por Burgos, de donde la lana y la harina listas para su exportación llegaban a través del Camino Real, la misma vía utilizada por muchos reyes y nobles para adentrarse en la península o para abandonarla. La villa de Rasines era lugar de paso de este Camino Real, por el que viajó Isabel la Católica en 1496 para acompañar a su hija Juana al puerto de Laredo, pues ésta iba a los Países Bajos a casarse con Felipe de Habsburgo. Asimismo, Carlos V, que viajó en numerosas ocasiones por Europa, utilizaba el Camino Real para llegar hasta Laredo y de allí partir a otros puertos europeos.

El Asón a su paso por Ampuero. La villa se ha extendido a lo largo de las riberas del río, verdadero eje vertebrador de la comarca.

espeleólogos tienen una de sus catedrales, pues la **cueva del Valle**, que se encuentra a pocos kilómetros en dirección a Burgos, está integrada por un laberinto de túneles que juntos suman más de 50 km de longitud, por lo que sólo los espeleólogos expertos pueden aventurarse a entrar en ella.

Más tranquilo es un buen paseo por la población, que ha sabido conservar el aire señorial que le otorgó la prosperidad vivida durante los siglos XVII y XVIII. Aparte de callejear por Rasines y disfrutar de las apetitosas muestras de la gastronomía local, debemos acercarnos a la **ermita de Nuestra Señora de Villasomera,** de los siglos XVI y XVIII, de una sola nave de tres tramos.

Desde Resines, tomamos luego un desvío que nos conduce a **La Edilla,** aldea que conserva las mejores muestras de **arquitectura civil** del municipio. En general, la mayor parte de las casas de la aldea mantienen la apariencia regia y señorial de las mejores casas de los siglos XVIII y XIX de la zona, aunque debemos destacar dos, la **casona de Calera Martínez,** edificio de dos plantas que presenta un soportal con dos arcos de medio punto, y la **casona de Villanueva Pico,** muy parecida a la anterior, con la diferencia de que tiene una torre de cuatro plantas en la que podemos ver el imponente escudo de armas de la familia, de estilo barroco. No dejamos esta carretera local y llegamos a **Ojebar,** desde donde se tiene una excelente vista del valle. Seguidamente aparecen **Casavieja** y luego **Torocollano,** casi en el límite con el País Vasco.

Ampuero

En dirección a Laredo, situada a unos 12 km al norte de Ramales de la Victoria por la N-629. Es una población de más de 3.000 habitantes que recuerda por la abundancia de casas con balcones acristalados las poblaciones costeras de Cantabria, no en vano se encuentra a 10 km del litoral. Asimismo, estamos en una localidad donde la gastronomía empieza a estar monopolizada por el pescado, y es tradición que en Ampuero se compre el campanu, que es el primer salmón que se pesca una vez que se ha abierto la veda.

En la plaza Mayor ya se pueden apreciar las **casas señoriales,** que son una constante en muchas de las calles circundantes. **La iglesia parroquial** se construyó entre los siglos XV y XVII, y tiene una bonita fachada barroca. Podemos ir paseando hasta **el barrio de La Bárcena,** en el que se encuentra **la torre-palacio de Espina,** edificio del siglo XVII con una hermosa portalada.

Sin duda, Ampuero es conocida porque en sus alrededores, en el collado de Somahoz, en la afueras de Hoz de Marrón, está la **iglesia de la Bien Aparecida,** patrona de Cantabria, cuya festividad se celebra el 15 de septiembre. La historia de esta devoción se remonta al mes de septiembre de 1605, cuando la Virgen se apareció a unos pastores. Es un imponente edificio, que presenta en el exterior unos robustos muros de mampostería con sillares en los contrafuertes. Contrasta esta magnificencia con la sencillez de la puerta de entrada. La iglesia es de una nave de tres tramos sobre cruz latina y acredita unas bóvedas de crucería estrellada. Los retablos son de gran valor. El **retablo mayor,** de estilo barroco, tiene tres calles separadas por columnas salomónicas. La imagen de la patrona es una pieza de reducidas dimensiones (no llega a los 21 cm) que se puede ver en la calle central del retablo mayor.

En Ampuero, casi en la cabecera de la ría de Treto, donde desemboca el Asón, podemos dar por finalizada la ruta.

Por el corazón de Cantabria

El río Besaya divide Cantabria en dos mitades a través de pueblos y valles. Esta ruta, que remonta el curso del Saja-Besaya, atraviesa pues el corazón de las tierras cántabras y nos lleva hasta el nacimiento del Ebro, descubriéndonos la belleza más genuina entre las altas paredes montañosas, donde la soledad y el silencio reinan desde el origen de los tiempos.

Polanco

La localidad de Polanco, entre Santander y Torrelavega, es la capital del municipio del mismo nombre, una zona dominada por el paisaje típico que crea el río Saja-Besaya cerca ya de verter sus aguas en el Cantábrico. Una sucesión de verdes praderas y suaves colinas, que sin duda son toda una invitación a pasar unos días disfrutando de un paisaje tan privilegiado.

La construcción religiosa de mayor interés de la localidad es la **iglesia parroquial de San Pedro Ad Víncula**, cerca de la residencia de Pereda, que se construyó entre los años 1940 y 1944 sobre un templo románico levantado en el siglo XII y que desapareció por un incendio en marzo de 1936. Los elementos más interesantes de esta construcción son la **pila bautismal** y la alta **torre**, únicos elementos que sobrevivieron al incendio. La **portada** reproduce la original románica.

Sin duda, Polanco es famosa por ser la cuna del escritor José María de Pereda. Por ello, no podemos dejar de visitar la **Residencia del escritor**, un noble

Durante siglos, la tradición artesana cántabra ha tenido en la madera su principal materia prima. De trabajo austero y poco dado a la ornamentación, son típicos los cuévanos y las albarcas, junto con los enseres domésticos, como los cucharones que fabrica el artesano de la imagen.

La estampa apacible del ganado pastando en un paisaje siempre verde es uno de los recuerdos indelebles que guarda todo aquel que visita Cantabria.

edificio encargado a finales del siglo XIX por el mismo Pereda, que sigue los cánones de las casas señoriales de la época. En la fachada combina el ladrillo con el blanco de las ventanas y contraventanas. Es una casa que acogió largas charlas literarias, pues Pereda solía invitar a menudo a sus amigos, entre ellos el celebrado Benito Pérez Galdós. Otro edificio relacionado con la vida del escritor es su **casa natal**, una casona montañesa del siglo XVIII ubicada en el barrio de La Cochera, construida por los abuelos paternos de José María de Pereda. La construcción se divide en dos cuerpos, uno que corresponde a la casa, de entramado de ladrillo, y otro que tiene un balcón entre muros cortafuegos en el que se pueden ver dos escudos.

Las Caldas y Barros

Desde Polanco, podemos evitar Torrelavega, que tiene en el segundo volumen su propia ruta urbana, para coger luego la N-611 y remontar el curso del Besaya hacia Los Corrales de Buelna. Antes pasaremos por el **santuario de Las Caldas del Besaya**, que queda a medio camino entre Torrelavega y Los Corrales. Es uno de los puntos emblemáticos de la zona. Regido por los dominicos, fue fundado por doña Ana María Velarde de la Sierra en 1683. La iglesia es de planta de cruz latina y en el interior podemos contemplar unos magníficos **retablos churriguerescos**. También vale la pena admirar las cinco **tablas flamencas** que narran la vida de San Vicente Ferrer, de las que se des-

Estelas, testimonios de la historia más antigua

Las estelas son piezas circulares monolíticas de unos dos metros de diámetro. En general, están datadas en los siglos previos a la romanización de Cantabria, y suelen estar ornamentadas con esvásticas, cruces, hélices, guerreros o motivos funerarios. Están relacionadas con el culto solar, tan característico de los pueblos que habitaban la región cantábrica antes de la llegada de los romanos. Al parecer, los cántabros de entonces incineraban a los difuntos, a excepción de aquellos que morían en el campo de batalla. Creían que si dejaban que sus cuerpos fueran pasto de los buitres, al despedazar éstos sus cuerpos permitirían que las almas de los guerreros llegaran al cielo.

conoce cómo llegaron al monasterio de Las Caldas del Besaya.

Hay buenos alojamientos en la hospedería y también en el hotel del balneario. El nombre de esta localidad tiene su origen en un manantial de **aguas termales** que se encuentra en las cercanías. Hace un siglo y medio se construyó un complejo balneario, el más antiguo de Cantabria.

A unos 2 km antes de llegar a Los Corrales de Buelna se encuentra **Barros**. Allí podemos visitar el **palacio de los Ceballos**, uno de los linajes montañeses más importantes del Valle de Buelna, construido a principios del siglo XVIII y restaurado no hace muchos años. Sin embargo, lo más destacado de Barros son sin duda las **estelas**. Estas famosas estelas se encuentran junto a la ermita de la Virgen de la Rueda, cerca del llamado **Parque de las Estelas**. Son las más conocidas de la Comunidad e incluso forman parte del actual escudo de Cantabria. Por eso, los vecinos no dejaron de reclamarlas cuando fueron trasladadas al Museo de Prehistoria y Arqueología de Santander. Finalmente, la presión surtió efecto y las estelas volvieron a Barros.

Los Corrales de Buelna

Este municipio se encuentra en la comarca de Besaya y goza de una situación realmente privilegiada, cerca de Torrelavega y del valle de Iguña, y en la vía de paso entre Reinosa y Burgos.

Los bosques del Parque Natural de Saja-Besaya son de robles en las áreas más bajas; de hayas, en los lugares más sombríos e inaccesibles de las montañas; y de acebos, como el de la imagen, en las brañas de las cumbres.

En Los Corrales de Buelna lo primero que hacemos es visitar el que sin duda es su monumento más conocido, la **iglesia de San Vicente**, de estilo neobarroco y neoherreriano, construida en 1926. Uno de sus rasgos distintivos es la torre prismática, coronada por un balconcillo con balaustres que ofrece un panorama formidable. En el interior hay que destacar los tres **retablos** y el **Cristo de bronce** de Victorio Macho.

Al salir de la iglesia de San Vicente descubriremos interesantes muestras de arquitectura civil paseando por las calles de la población. Hay muchos edificios notables en el barrio conocido como La Rasilla. Allí se encuentra el **palacio de los Condes de Mansilla**, sólida construcción de tres pisos, con un imponente escudo de la familia sobre el balcón principal. También destacamos la **casona de José María de Quijano**, que cuenta con una capilla y una placa que recuerda a este ilustre personaje local, fundador de una importante empresa metalúrgica.

Desde Los Corrales de Buelna podemos desplazarnos apenas 2 km para llegar a **San Felices de Buelna**, por lo que el trayecto se puede hacer incluso andando. El monumento más conocido de esta localidad es la **torre de Pero Niño**, primer conde de Buelna e ilustre marino, el edificio más antiguo de San Felices y uno de los mejores ejemplos de arquitectura defensiva que puede encontrarse en toda Cantabria. Construida en el siglo XIV, en sus inicios fue conocida como la torre de la Aguilera, y durante varios siglos albergó el archivo principal del Valle de Buelna. Hace pocos años fue objeto de una profunda restauración, por lo que se puede contemplar en todo su

DON PERO NIÑO, EL NUNCA VENCIDO

Don Pero Niño fue un guerrero feroz, a pesar de su nombre, al servicio de la Corona de Castilla durante más de 40 años. Llegó a ser considerado el mejor almirante de toda la Edad Media. Buena parte de lo que conocemos de su biografía se lo debemos a El Victorial, *obra escrita por el alférez de Pero Niño y considerada por muchos como la primera biografía en castellano. Ya en su tiempo tuvo un notable éxito y se conoce la existencia de diversas ediciones en francés e inglés.*

Pero ¿quién fue este reputado personaje? Don Pero Niño recibió el título de Conde de Buelna en 1431 de manos del rey Juan II. La certeza de este dato no hay por qué ponerla en duda, pero como ocurre en muchas ocasiones sus gestas siempre se encuentran en la fina línea que separa la realidad histórica de la leyenda. A su muerte, Pero Niño mandó escribir en su epitafio: «...el cual, por la misericordia de Dios, fue siempre vencedor e nunca vencido, por mar e por tierra».

esplendor. Para visitarla hay que establecer una cita previa llamando al Ayuntamiento de San Felices de Buelna.

Arenas de Iguña

Continuamos por la N-611 hasta Arenas de Iguña, y desde aquí visitaremos, además de Arenas, las poblaciones de Brostonizo y Las Fraguas. **Arenas de Iguña** tiene las típicas **casas montañesas** con sus características portaladas y escudos de algunas de las familias más relevantes de la zona, como los Ceballos, los Collantes o los Quevedo.

Y, si Arenas destaca por sus casas montañesas, **Las Fraguas**, población a la que se accede por una carretera local, sorprende con la **iglesia de San Jorge**, conocida también como el Partenón por su similitud con los templos de la Antigüedad clásica. Fue construida a finales del siglo XIX por los duques de Santo Mauro.

No muy lejos de la iglesia de San Jorge encontramos el **palacio de Los Hornillos**, cuya herencia inglesa es innegable. Está rodeado por uno de los parques más hermosos de la zona, con sus estanques y las variadas especies de árboles

El río Saja nace a 1.700 m de altitud en la vertiente norte de la Sierra del Cordel y desemboca en la ría de San Martín. Las "cabeceras del Saja", en el interior del Parque Natural, se abren paso entre una exuberante vegetación.

que en él podemos ver. Aunque antes de dirigirnos a Bostronizo es recomendable visitar la **iglesia de San Juan de Raicedo**, situada en las proximidades de Las Fraguas. A pesar de haber sido reformada, conserva las señas del estilo románico.

Para completar nuestra visita al valle de Iguña, nos acercamos al pueblo de **Bostronizo**, unos 3 km al norte de Los Corrales por una carretera comarcal. Allí se encuentra la **ermita de San Román de Moroso**, una de las pocas muestras del arte mozárabe presentes en toda Cantabria, junto con las iglesias de Santa María de Lebeña y Santa Leocadia de Helguera. Para acceder a esta ermita, del siglo X, hemos de coger una pista forestal en bastante mal estado, por lo que es preferible acercarse a pie. A pesar de sus reducidas dimensiones, y de estar medio oculta entre los árboles, la ermita de San Román no deja de mostrar todo su esplendor en un paraje de excepción. Frente a la ermita hay una **necrópolis medieval** que conserva algunas tumbas y sarcófagos.

Las nueces, avellanas y castañas son los productos más típicos de esta zona.

Molledo

Seguimos remontando el río Besaya y nos dirigimos al municipio de Molledo. Muy cerca de allí se encuentra la **iglesia de Santa Leocadia de Helguera**, uno de los pocos ejemplos de estilo mozárabe que podemos encontrar en Cantabria, aunque únicamente conserva el ábside del siglo X. Después, nos adentramos en el pueblo de Molledo. En este punto nos da la bienvenida el **santuario de la Virgen del Camino**, que goza de gran fama entre las gentes de la zona.

Más de allá de sus iglesias y casas señoriales, este municipio es conocido por las **fiestas de La Vinajera**, que se encuentran entre las más tradicionales y arraigadas de toda Cantabria. Estas fiestas tienen lugar en **Silió** durante el mes de enero, para celebrar la llegada del año nuevo. Se trata de una tradición de origen romano y se cree que de esta manera se ahuyentan los malos espíritus. Los personajes que participan en este carnaval son de lo más peculia-

En el Parque Natural de Saja-Besaya se encuentran la mayor parte de las características que definen la montaña interior cántabra. Dominando las mejores vistas del entorno del río Saja está la Sierra de Bárcena Mayor.

Así que estamos en lugar idóneo para calzarnos las botas de montaña y disfrutar de ese irrepetible placer que supone caminar y caminar rodeados de naturaleza.

res, y entre ellos hay que destacar a los zamarracos, que llevan la cara pintada de negro, se visten con pieles de carnero y se cubren la cabeza con sombreros picudos. Los zamarracos hacen sonar sus campanos para alejar a los malos espíritus a lo largo del recorrido, que finaliza en el límite del pueblo. Tras esta procesión, se regresa a la plaza del pueblo y allí, tras cantar las típicas coplas vinajeras, un médico asegura que el parto de la embarazada, símbolo del nacimiento del año nuevo, se desarrolla con total normalidad. El colofón a la fiesta lo pone la muerte del oso como representación de la victoria del bien sobre el mal. Así, nadie duda de que el año que se inicia será un buen año para todos los habitantes del pueblo.

En la zona de Molledo tienen mucho renombre la jalea real, la miel de brezo y el orujo con miel.

Bárcena de Pie de Concha

Pueblo hermoso donde los haya, gracias a las numerosas **casas de estilo regionalista** que alberga, Bárcena de Pie de Concha es un importante destino turístico para los amantes del senderismo, ya que es uno de los municipios desde los que se puede acceder al Parque Natural Saja-Besaya. Así que estamos en lugar idóneo para calzarnos las botas de montaña y disfrutar de ese irrepetible placer que supone caminar y caminar rodeados de naturaleza. Tras recorrer algunos de los senderos que se proponen desde Bárcena de Pie de Concha, podemos relajarnos con un paseo más corto y combinado con algún tentempié por las calles de la población, que cuenta con un valioso patrimonio artístico. Cantabria alberga un buen número de iglesias románicas, y una de las más relevantes es la **iglesia románica** de Bárcena de Pie de Concha, del siglo XII, consagrada a los santos San Cosme y San Damián. Es una construcción de una sola nave, patrón común de muchas de las iglesias

(Derecha) En los cascos antiguos de muchas villas podemos contemplar casas blasonadas, que hablan de la historia y del papel que en ella han jugado numerosas familias cántabras.

románicas de la cuenca del Besaya. Los canecillos son su elemento más hermoso, pues cuenta con una buena colección de ellos, en los que se tratan diferentes temas: monstruos, personas, animales... La parte exterior se mantiene más o menos inalterable, pero el interior ha sufrido más transformaciones, aunque conserva el original **arco triunfal** románico, que se apoya en **capiteles rematados** por leones.

Dejamos **Bárcena de Pie de Concha** y tomamos una pequeña carretera local hasta la aldea de Pie de Concha, donde están la **iglesia de Santa María de Roimbre**, del siglo XVII, en la que hay un valioso lienzo de Cristo, y la **ermita de la Consolación**, que guarda una curiosa imagen de la **Virgen con el Niño**, que es además un tríptico que se abre y en el que se pueden ver escenas de la Pasión. Luego, de Pie de Concha podemos dirigirnos a **Pujayo**, donde encontraremos la **ermita de San Lorenzo**, del siglo XII, que se encuentra ubicada en la finca de los Silió. De esta ermita cabe destacar la entrada de arco de medio punto, que se apoya en unos capiteles ricamente historiados.

Las canciones de las mozas de Pujayo

Vale la pena visitar Pujayo los días 9 y 10 de agosto, pues son las fechas en que se celebra la Fiesta de la Maya, que mantiene una tradición que sólo pervive en otras pocas localidades de la Comunidad. Esta tradición consiste en que diversos grupos de mozos del pueblo compiten por colocar un gran tronco de haya en posición vertical. Luego, deben ser los más rápidos en ascender a él para coger una bandera, mientras las mozas del pueblo los animan con canciones. Quizá por ello todos los mozos se esfuerzan por ser el primero en conseguir la bandera.

Santiurde de Reinosa

Seguimos acercándonos a Reinosa, que visitaremos en la ruta siguiente, hacia el embalse del Ebro. A unos 12 km de esta localidad se encuentra el municipio de Santiurde de Reinosa, que acoge un buen número de poblaciones que cuentan con diversos lugares de interés, sobre todo por la arquitectura religiosa. El edificio más interesante de Santiurde es la **Casa Consistorial**, pues no tiene edificaciones mucho más antiguas, ya que tanto la iglesia parroquial como la ermita de los Dolores son de la segunda mitad del siglo XIX y no se puso un gran empeño artístico en su construcción. En todo caso, cabe destacar en la **ermita** una talla popular de la patrona del pueblo.

Apenas 1 km de Santiurde está la localidad de Lantueno, y a unos 3 km de esta última, por una carretera comarcal, aparece Somballe. Ambas poblaciones son conocidas por albergar dos importantes iglesias. La **iglesia de Lantueno** se construyó entre los siglos XVII y XVIII, y presenta un elemento muy característico de los templos que se levantaban en esa época, el revoco al exterior en la partes de mampostería, lo que deja a la vista la zonas del sillar, es decir, los contrafuertes, la espadaña y la cabecera. Por su parte, en **Somballe** hay una iglesia edificada en el siglo XII, pero reconstruida casi totalmente en siglos posteriores. Su importancia radica en que guarda una valiosa **lápida de consagración** empotrada en el contrafuerte, gracias a la cual se tiene constancia de que el templo fue consagrado en el año 1167 por el obispo Pedro III de Burgos.

R.AN NADA
RUBAL CABA
MERC DHIO

La cuna del Ebro y el esplendor del románico

En el extremo más meridional e interior de Cantabria, donde se funden la cordillera Cantábrica y la meseta, se encuentra el embalse del Ebro, la mayor concentración de agua dulce de la península. Nos espera aquí un territorio que se aparta del paisaje verde y típico de la región. Y que nos reserva alguno de los capítulos más interesantes de su patrimonio artístico, gracias al legado de numerosos templos románicos.

Reinosa

Es una de las poblaciones más importantes de Cantabria, con sus 12.500 habitantes, y el principal núcleo urbano de estas comarcas. Aunque se halla alejada de los centros turísticos de la costa, muchos visitantes acuden cada año a la capital de la comarca de Campoo atraídos por el rico patrimonio artístico de las tierras más meridionales de la región.

En torno a la **plaza del Ayuntamiento**, y cerca de esta plaza, en la **calle Mayor**, se encuentran los edificios más antiguos de Reinosa. Veremos diversas **casonas** de los siglos XVI y XVII. Estas casonas, algunas señoriales y otras más populares, con soportales, nos recuerdan la época de prosperidad que cono-

INTERIOR DE LOS SOPORTALES CON ARCADAS EN LA PLAZA DEL AYUNTAMIENTO DE REINOSA. ESTE ESPACIO URBANO, ATRAVESADO POR EL QUE ANTAÑO HABÍA SIDO EL CAMINO REAL, ES EL CENTRO NEURÁLGICO DE LA CIUDAD.

Aunque se halla alejada de los centros turísticos de la costa, muchos visitantes acuden cada año a la capital de la comarca de Campoo atraídos por el rico patrimonio artístico de las tierras más meridionales de la región.

ció la población durante el siglo XVIII, al abrirse la carretera a Santander, que convirtió Reinosa en un lugar de paso de gran importancia para el comercio de la lana que venía de Burgos. El testimonio más famoso de esa época, y el edificio más emblemático de la ciudad, es **La Casona**, o casa de la Niña de Oro, un palacete situado en la avenida Carlos III en el que hoy día tiene su sede el Centro Cultural. Frente a La Casona se encuentra la **casa de los Cossío**, y en los alrededores hay que destacar numerosas casas de los siglos XIX y XX. En esta misma zona encontraremos el **puente Carlos III** sobre el Ebro, uno de los símbolos de la ciudad.

Uno de los edificios más emblemáticos de Reinosa es La Casona, que perteneció a la familia de los marqueses de Fuente-Híjar. De finales del XVIII, está considerado el ejemplo más notable de arquitectura civil de la ciudad.

Cerca del Ayuntamiento se halla la **iglesia de San Sebastián**, declarada Monumento Histórico Artístico en 1984, una construcción del siglo XVI modificada en el siglo XVIII. Es de planta de tres naves, con bóveda de nervios y cúpula central. Alberga valiosos **retablos barrocos**, entre los que destaca el retablo mayor, del siglo XVIII, y hay que fijarse además en la imagen de San Sebastián, situada en el altar mayor. Esta iglesia, buen ejemplo del mejor estilo barroco que se puede ver en Cantabria, se construyó sobre una vieja edificación de la que apenas se conservan algunos restos. Otro edificio religioso reseñable es el **convento de San Francisco**, de estilo renacentista-herreriano, que actualmente hace las veces de residencia de ancianos.

Después del casco antiguo, podemos desplazarnos al sur de la población para llegar al pulmón verde la ciudad, los **jardines de Casimiro Sainz**, que los reinosanos gustan de frecuentar en sus paseos y charlas, conocido popularmente como «parque de Cupido». En las inmediaciones del parque se concentra el ambiente nocturno, con numerosos restaurantes y bares que por las noches están llenos de gente.

Antes de dejar Reinosa hay que acercarse al **Museo al Aire Libre de las Fuentes**, situado en el parque de las Fuentes. Inaugurado en el año 1999, muestra el modo de vida de los habitantes de la comarca de Campoo a través de la agricultura, la artesanía y la industria.

El último domingo del mes de septiembre se celebra el Día de Campoo, en el que cobran protagonismo las tradiciones artesanas de la comarca, como los rabeles.

Por los alrededores de Reinosa

Nuestra primera visita será **Fontibre**, en la cuna del río Ebro, un pequeño pueblo situado a 4 km de Reinosa por la CA-183, enmarcado en un espléndido paraje natural. Hay que acercarse al manantial del que brotan las aguas que provienen de la Peña Labra. Luego, podemos ver el **monumento al Nacimiento del Ebro** y la **iglesia de San Félix.** Siguiendo la misma carretera se llega a la estación de deportes de invierno de Brañavieja, donde en 1965 se instaló un telesquí. En verano un telesilla permite subir al **pico de Tres Mares**, que domina una vasta panorámica.

Regresamos a Reinosa para encontrar a 5 km, junto al embalse del Ebro, las ruinas romanas de **Julióbriga**, la ciudad de mayor importancia fundada por los romanos en Cantabria. Una visita a estas ruinas nos permitirá conocer cómo se vivía en las civitas que los romanos establecieron en la Comunidad.

Casi al lado de las ruinas de Julióbriga encontraremos la **iglesia románica** de Santa María de Retortillo, restaurada en 1989 y declarada Bien de Interés Cultural en 1993. Se trata de un pequeño templo del siglo XII que, como tantas otras construcciones románicas de la

REINOSA, UNA LOCALIDAD IMPREGNADA DE UN AMBIENTE FAMILIAR Y APACIBLE. AL FONDO, EL CAMPANARIO DE LA IGLESIA DE SAN SEBASTIÁN, UNA DE LAS CONSTRUCCIONES MÁS HERMOSAS DEL BARROCO CÁNTABRO.

zona construidas en esa época, consta de una sola nave, presbiterio y ábside semicircular. Algunos de los elementos más destacables en el exterior son la espadaña, la sacristía y las dos **portadas**. Sobre la primera portada, situada en el lateral de la nave, hay un impresionante tímpano en el que se pueden ver dos monstruos y dos ángeles que sostienen una cruz. La otra portada, bajo la espadaña, tiene tres arquivoltas y tres capiteles decorados a cada lado.

Seguimos en los alrededores de Reinosa para encontrar, en **Bolmir**, la **iglesia románica de San Cipriano**, construida en el siglo XII, de una sola nave y ábside, en la que sobresalen la espadaña y los capiteles, decorados con formas animales.

Algo más lejos de Reinosa, y por la misma carretera C-370, que va bordeando el embalse, nos acercamos a Arroyo, y desde aquí, en dirección sur, se llega a

FONTIBRE, A 930 M DE ALTITUD Y DENTRO DEL TÉRMINO MUNICIPAL DE CAMPOO DE SUSO, ES CONOCIDA POR ALBERGAR LAS FUENTES DEL EBRO, EL LUGAR EN DONDE NACE EL RÍO MÁS CAUDALOSO DE ESPAÑA. SU NOMBRE PROCEDE DEL LATÍN *FONTES IBERIS*.

LA DEVOCIÓN A NUESTRA SEÑORA DE MONTESCLAROS

El santuario erigido en honor a Nuestra Señora de Montesclaros, patrona de la merindad de Campoo, tiene un origen poco documentado que ha permitido la aparición de una curiosa leyenda. Debemos remontarnos a finales del siglo XII, en el año 1195, cuando tras la batalla de Alarcos un fugitivo cristiano ocultó la imagen de la Virgen en una cueva situada en las inmediaciones. Nadie se acordó de la imagen hasta que en el siglo XIII un pastor vio sorprendido que uno de sus toros se dirigía a la cueva y se postraba ante ella. El pastor desenterró la imagen y la llevó a la iglesia de Los Carabeos, pero no estuvo mucho tiempo en su nueva ubicación, ya que la Virgen desapareció y fue encontrada de nuevo en la cueva. Estos misteriosos traslados se repetían una y otra vez, hasta que finalmente el rey Carlos III encargó la construcción de un santuario cerca de aquella cueva por la que mostraba tanta querencia la patrona.

Montesclaros. En esta pequeña población hallamos otro de los monumentos románicos del sur de Cantabria, el **santuario de Nuestra Señora de Montesclaros**, que en un principio era una humilde iglesia rural y tras las reformas del siglo XVII se convirtió en la importante construcción que es hoy día.

Cervatos

Después del breve recorrido por las inmediaciones de Reinosa, regresamos a esta villa, y por la N-611 en dirección a Aguilar de Campoo llegamos a Cervatos. En este pequeño pueblo de hermosas calles empedradas se encuentra la **colegiata de San Pedro**, una de las más importantes de Cantabria, declarada Bien de Interés Cultural. Destaca en esta colegiata la colección de canecillos, en los que se ven diversas escenas de alto contenido erótico, que también aparecen en algunos capiteles. Su presencia sorprende al visitante, pero no es insólita en las iglesias románicas de la zona, aunque aquí llama la atención la intensidad de las imágenes. Se trata de una iglesia del siglo XII, de una sola nave, en la que resultan excepcionales el **tímpano** y el **dintel**, decorados con un juego de vástagos vegetales y hojas entrelazadas, y en cuyas enjutas hay relieves en los que se representan temas bíblicos. La **torre** es posterior y tiene algunos elementos, como los capiteles, que la emparentan con construcciones románicas de Burgos. En el interior de la colegiata observamos que se han producido diversas modificaciones, sobre todo en las bóvedas de la nave.

Unos 5 km más abajo de Cervatos, tras pasar el **puerto de Pozazal** (987m), tomamos un desvío hasta **Aldea de Ebro**, localidad declarada Conjunto Histórico Rural gracias a las numerosas **casas rurales** típicas, muy bien conservadas, muchas de las cuales aún presentan en la fachada los escudos de los distintos linajes familiares de la comarca. La **iglesia de San Juan Bautista**, románica del siglo XIII, tiene una curiosa planta en forma de L. Cerca del caserío hallaremos además la **ermita de Dondevilla**, también románica, del siglo XIII, que tiene un arco triunfal rematado por unos capiteles decorados con figuras de animales.

Antes de llegar a Aldea de Ebro, por la misma carretera local, podemos detenernos en **Barruelo**, donde encontra-

La Colegiata de San Pedro en Cervatos, uno de los ejemplos mas sobresalientes del románico cántabro. Fundada hacia 999 por Sancho de Castilla como monasterio, el edificio actual fue levantado en dos etapas a lo largo del siglo XII.

Una sencilla pero artística imagen de San Pedro decora la fachada de una casa de Cervatos. La devoción al santo, bajo cuya advocación se halla la colegiata románica, es patente en esta localidad de la comarca de Campoo.

remos la **iglesia de Santa María**, de dos naves y dos ábsides, de los cuales sólo el izquierdo es románico. Sabemos que fue consagrada en 1264 gracias a la inscripción que se puede leer sobre la trabajada puerta, que tiene tres capiteles a cada lado con relieves. En el interior vale la pena contemplar el fresco de la Última Cena, que data del siglo XVI.

Valdeprado del Río

Seguimos hacia el sur por la N-611, y a la altura de **Hormiguera**, población situada casi en el límite con Castilla y León, tomamos una carretera comarcal hacia Valdeprado del Río. En Hormiguera podemos detenernos a contemplar la **iglesia de Santa Juliana**, que cuenta con canecillos simples de proa de nave, una importante espadaña y una bella puerta románica en la que hay capiteles historiados. Delante hay un hito de época romana.

Por la misma carretera local, después de Valdeprado del Río, está **Arcera**, en la que hay varias **estelas funerarias**, otro de los elementos más característicos del patrimonio artístico del sur de Cantabria, por lo que se piensa que esta localidad fue seguramente en tiempos pasados un importante asentamiento medieval. En las afueras encontraremos la **iglesia de San Miguel**, románica, que conserva una espadaña de buena altura con canecillos de proa de nave.

Regresamos hacia Valdeprado y enfilamos la CA-272, que tras pasar por **Bárcena de Ebro** se bifurca en un desvío hacia Polientes, una de las poblaciones más meridionales de Cantabria.

Área de ocio, a la sombra del puente que cruza el río Ebro, en los prados de la Colegiata de San Martín de Elines, en Valderredible. Este municipio alberga un patrimonio histórico extensísimo que data de los tiempos de los primeros pobladores de la comarca.

Antes de llegar, sin embargo, podemos detenernos en la **iglesia rupestre de Olleros**, cerrada por una gruesa verja, aunque desde fuera se puede ver el interior del templo.

En Valdeprado del Río podemos disfrutar de un consistente plato muy típico de estos lares, las «jijas», a base de carne de cerdo bien adobada y frita.

Los cementerios rupestres del sur de Cantabria

En esta zona de Cantabria abundan, junto a las numerosas ermitas rupestres, los cementerios con tumbas excavadas en la misma roca. Un ejemplo especialmente destacable de estos cementerios rupestres lo tenemos al lado de la iglesia de Santa María de Valverde, donde hay varias tumbas, algunas de ellas correspondientes a niños muy pequeños. A pocos kilómetros de Campoo de Ebro está la peña de San Pantaleón, en la que hay tumbas rupestres y cubículos excavados en la base de la roca. No muy lejos, en Rebollar de Ebro, hay otro cementerio rupestre, al lado de la ermita de Santa María, y en Villaescusa de Ebro y San Martín de Valdelomar hay más necrópolis de este tipo.

Polientes

Es la capital del municipio de Valderredible, el más extenso de toda la Comunidad. Las muestras arquitectónicas más antiguas que podemos encontrar en la zona se remontan a los siglos IX y X, y corresponden a diversas ermitas rupestres que se reparten por las poblaciones y aldeas circundantes, como Campoo de Ebro, Arroyuelos, Cadalso, etcétera.

La **ermita de San Miguel de Campoo de Ebro** está detrás de una iglesia construida con posterioridad, y está formada por una capilla de una sola nave y ábside de planta de herradura. Cercana a Campoo de Ebro encontramos la **ermita de Santa María de Cadalso**, excavada en una roca arenisca. Es una de las ermitas más pequeñas de la zona y consta de una sola nave. Vale la pena contemplar las sepulturas medievales talladas en la misma roca.

Desde Polientes seguimos por la CA-274 en dirección a Ruerrero y tomamos la CA-275 hacia San Martín de Elines, pasando antes por **Arroyue-**

los, donde hay otra **ermita rupestre**, cerrada con una verja, así que para visitarla habrá que pedir la llave en la primera casa del pueblo. Esta ermita rupestre es la más grande de la Comunidad, pues consta de dos plantas y está formada por dos naves de considerable tamaño, separadas por una pilastra. Igual que en la ermita de Campoo de Ebro, un banco tallado sigue el recorrido del perímetro interior.

San Martín de Elines

No abandonamos la referencia de Arroyuelos porque a la misma altura de este pueblo, al otro lado de la CA-275, está la **colegiata de San Martín de Elines**, una iglesia románica del siglo XII en la que aún se conservan restos de la anterior edificación mozárabe del siglo X, si bien es difícil precisar estas fechas, ya que no se ha conservado documentación propia del lugar. Lo que sí se sabe es que ya en el siglo XV esta colegiata era uno de los centros religiosos y económicos más importantes del sur de Cantabria, aunque poco después su poder se diluiría por la creciente importancia de la colegiata de San Miguel de Aguilar de Campoo, en Palencia. La colegiata, de una sola nave cubierta con armazón de madera, cuenta con un impresionante **ábside** en semicírculo, que además lleva dos pisos de arcaduras, siendo las inferiores ciegas y con tres ventanales abiertos las superiores, que sustentan sus arquivoltas en columnas que cuentan con relieves de animales y vegetales. Por su parte, el **crucero** está resaltado por cuatro grandes pilares. La parte que más llama la atención de la colegiata es la **cúpula**, en la que destacan los capiteles historiados con representaciones de monstruos, la Adoración de los Magos y la matanza de los Inocentes. Por otro lado, cabe destacar que en el ábside están los únicos **frescos románicos** que quedan en Cantabria.

Desde aquí podemos hacer una escapada para admirar el monumento natural del desfiladero de Orbaneja, en la provincia de

La belleza de San Martín de Elines habla de su importancia en el medioevo. Inicialmente de fábrica mozárabe, en 1102 dejó paso al románico, en cuyo estilo se proyectaron el ábside y la circular torre del campanario.

Burgos, muy cerca de Villaescusa de Ebro. Vale la pena el pequeño desvío, pues se trata de un paraje natural irrepetible.

Rodeando el embalse

Salimos de San Martín de Elines y retomamos la CA-274 en Ruerrero, para dejar atrás **Quintanilla de Rucandio** y entrar luego en Burgos, donde enfilaremos la N-623 hasta **Cilleruelo de Bezana**, un punto estratégico en el trazado viario que nos permitirá rodear el embalse del Ebro. Por la BU-642 llegaremos a **Brimón**, de nuevo en Cantabria, donde podremos comtemplar la gran reserva de agua acumulada.

Después de la excursión a Brimón, regresando a Cilleruelo, tomamos la N-623 dirección norte hasta encontrar un desvío a la izquierda que sigue la ribera septentrional del embalse y nos llevará a **Corconte**, pequeña población en la que hay un **balneario** famoso por la eficacia de sus aguas medicinales. Más adelante, en dirección a Reinosa, aparece **La Población**, que cuenta con una pequeña **ermita** con ábside románico y aspillera en el centro. Privilegiadas vistas del embalse del Ebro nos ofrece también **La Riva**, que asimismo alberga una **iglesia** del siglo XVI y diversas **casonas**, algunas de ellas blasonadas, como la casona solariega con el escudo de la familia Gutiérrez de la Riva.

De regreso a Reinosa, por la CA-171, pasamos por **La Costana**, donde se encuentra una de las construcciones más famosas de todas las poblaciones circundantes al embalse, la **torre de Bustamante**. Los Bustamante fueron unos importantes señores de esta zona, y la torre que lleva su apellido es un espectacular edificio del siglo XV, de planta rectangular, construido en piedra sillar, que muestra su carácter defensivo en las ventanas saeteras y geminadas de arcos apuntados. Luego llegamos a **Monegro**, que alberga una **iglesia** del siglo XVII de planta de cruz, que guarda cinco **retablos** con imaginería popular. Y si nos desviamos a **Quintana**, encontraremos un buen mirador del embalse.

Un rincón del embalse del Ebro en La Población, aldea próxima a Reinosa. Desde las instalaciones de su parque-merendero se divisa una magnífica panorámica sobre el lago que aquí forma la represa del río.

El embalse del Ebro

El embalse del Ebro, cuya construcción se inició en la década de 1920, finalizó en 1947; es una inmensa extensión de agua que abarca una superficie de 138 km² cuando está completamente lleno. Es la mayor extensión de agua dulce de la península, tiene unos 20 km de longitud y 4 km de anchura, con un perímetro superior a los 90 km. Constituye además un humedal artificial de gran riqueza ornitológica, que recibe cada año la visita de miles de aves que acuden desde el norte de Europa para invernar. Aquí se da la mayor concentración de cigüeñas blancas del norte de la península, y otros pobladores muy numerosos son el ánade friso, el pato cuchara, la focha común, el zampullín chico y el ánade real.